hänssler

Heiko Krimmer

Greift der Tiger ein Auto an ...

27 Erlebnisse mit Gott

Dr. Heiko Krimmer ist Pfarrer in Dettingen/Teck, Vorsitzender des Württembergischen Brüderbundes sowie Vorsitzender der Christlichen Indien Mission (CIM).

Hänssler-Taschenbuch
Bestell-Nr. 393.788
ISBN 3-7751-3788-2

Internet: www.haenssler.de
E-Mail: info@haenssler.de
Umschlaggestaltung: Krüger & Ko.
Titelbilder: Krimmer (privat), Archiv Kocherscheidt
Satz: Vaihinger Satz & Druck
Druck und Bindung: Ebner Ulm
Printed in Germany

Inhalt

1 Greift ein Tiger ein Auto an? ... 7
2 Wie viel kostet ein Gebet? ... 10
3 Der erfolgreiche Kreuzzug ... 13
4 Rama bekommt einen Vater ... 16
5 Timotheus – die Gottesgabe ... 20
6 Die »übersehene« Erweckung ... 22
7 Das schwebende Freizeitheim ... 25
8 Gerettet durch »Fanatiker«! ... 28
9 Jetzt brauche ich ein Zeichen ... 31
10 Ehe denn sie rufen 34
11 Befiehl du deine Wege 36
12 So spricht der Herr 39
13 Gebrochen und doch neu ausgerichtet ... 41
14 Ja, ich vertraue ... 44
15 So ein Glied leidet 46
16 Er kann noch als Knecht arbeiten… ... 49
17 Wenn der Löwe brüllt ... 51
18 Ich müsste euch alle hassen ... 54
19 Eine Zauberin bekommt zwanzig Kinder ... 57
20 Er ließ sich taufen mit seinem ganzen Haus ... 60
21 Durch einen Kranken werden fünfzig gesund . 63
22 Fisch und Brot des Lebens ... 65
23 Ein Medizinmann hält Gottesdienst ... 67
24 Die gefährliche Bombe ... 70
25 Kaputte Hände bringen Heilung ... 72
26 Das Lob überwindet den Fluch ... 74
27 Sie meinten, sie sähen ein Gespenst ... 77

I Greift ein Tiger ein Auto an?

Diese Geschichte muss ich mit Datum, Uhrzeit und Ort versehen: Sileru, Mittwoch, 24. Januar 2001, 18.00 Uhr. Ich sitze in unserem einfachen Missionshaus in Sileru und schreibe das auf, was wir vorher erlebt haben. Am Morgen waren Bischof Singh und ich von Vizag losgefahren. Ramanah war unser Fahrer. Um 13.00 Uhr erreichten wir Lothugada, den ersten Zentralort im Silerdschungel. Dort weihten wir eine Kirche ein. Ich kannte den Pastor schon von seiner Zeit als Bibelschüler bei uns. Er hatte hier im Dschungel nach seinem Abschluss treu gearbeitet und einige Gemeinden gegründet. Lothugada war der Hauptort seines Gebietes. Dort hatten wir jetzt eine feste Steinkirche gebaut. Prasad – der Dekan – leitete den Einweihungsgottesdienst und ich durfte predigen. Nach 16.00 Uhr fuhren wir weiter. Wir wollten nach Sileru, dort übernachten und am nächsten Tag nach Orissa fahren, wo Amos unter großen Bedrängnissen bei den Bondas – einem »wilden« Bergstamm – arbeitet. Ihm sollte unser Besuch Mut geben.

Konzentriert befuhr Ramanah die holprige Dschungelstraße. Zunächst unterhielten wir uns lebhaft. Singh erzählte von seinen Plänen. Dann wurde es still im Auto. Singh schlief ein. Wir durchfuhren Darakonda. Noch 16 Kilometer bis nach Sileru, bei diesen

Straßenverhältnissen etwa eine halbe Stunde Fahrt. Ich verfolgte den Tachostand, noch 7 km. Einige Büffel standen auf der Straße. Sie gingen kaum aus dem Weg. Ramanah umkurvte sie geschickt. Plötzlich bremste er abrupt – und da sah ich ihn: Etwa 15 Meter vor uns stand auf der Straße ein ausgewachsener indischer Tiger, ein prachtvolles Exemplar. Er hatte die Büffel im Blick, war offensichtlich hungrig, sonst wäre er sofort vor unserem Auto geflohen.

Auch Singh wachte auf. Was sollten wir tun? Langsam, ganz langsam setzte Ramanah zurück. Ich sah auf die Uhr. Es war 17.30 Uhr. Der Tiger setzte sich auch in Bewegung, geschmeidig kam er auf uns zu. Ramanah hatte große Angst, bei mir überwog zunächst die Freude, einen Tiger so nah zu sehen. Doch dann wurde es mir mulmig. In gleicher Geschwindigkeit wie wir zurückstießen, kam der Tiger auf uns zu. Er hatte uns offensichtlich ins Visier genommen. Die Büffel waren inzwischen geflüchtet. Wir hatten also seine Beute verjagt. Greift ein Tiger tatsächlich ein Auto an? Im Herzen beteten wir. Was sollten wir tun? Der Tiger kauerte sich nieder – sprungbereit? Ich beobachtete ihn durch das Teleobjektiv der Filmkamera. Ein majestätischer Anblick. Aber sammelte er sich jetzt zum Sprung?

Dann entschieden wir uns für die »Gideon-Taktik«: Mit aufheulendem Motor, aufgeblendetem Licht und kreischender Hupe fuhr Ramanah auf den Tiger zu. Der verharrte kurz, dann flüchtete er seitwärts in den Dschungel.

Ramanah war schweißnass, auch Singh und ich atmeten schon etwas heftiger. Das war noch einmal gut gegangen. Nein, nicht gut gegangen. Wir hatten doch vor der Abfahrt ganz bewusst um den Schutz und die Begleitung von Jesus gebetet. Jesus weiß auch, wie man einen Tiger vertreibt!

Greift ein Tiger ein Auto an? Ich weiß es nicht. Vielleicht muss ich einmal einen Fachmann fragen.

2 Wie viel kostet ein Gebet?

Wir feierten Gottesdienst in Kondalaagraharam. Dort leitet Jeevan Komanapalli das große Krankenhaus. Ein TBC- und ein Leprahospital sind angeschlossen. In der Schule sind einige Hundert Kinder, auch unsere Kinder vom Kinderheim. Eine ausgedehnte missionarische Arbeit gehört zu Jeevans Dienstbereich. Eine große Gemeinde war versammelt, viele mussten im Freien der Übertragung des Gottesdienstes folgen. Mit Schwung und offensichtlicher Freude sang die Gemeinde ihre Loblieder. Dann wurde es still, der Pfarrer sprach einige Worte und dann kam eine Frau nach vorne und begann zu reden. Ich bat Jeevan, mir zu übersetzen. Die Frau gab folgendes Zeugnis:

Maria, so heißt sie, kam von einem Dorf in der Nähe von Kondalaagraharam. Sie ist Witwe, sie trug den weißen Witwensari. Sie ist die wichtigste Frauenmitarbeiterin in der dortigen kleinen christlichen Gemeinde und arbeitet auch als Bibelfrau in den umliegenden Dörfern. In ihrem Dorf wurde eine Frau schwer krank, es war wohl TBC, die »Geißel« Indiens, der Armen Indiens. Die Kranke war eine überzeugte Hindugläubige und suchte Hilfe bei den Tempeln und den Priestern. Die Priester verlangten für ihre Gebete viel Geld, aber sie konnten nicht helfen. Da ging sie zu den Zauberern der Stammesleute in der Nähe. Auch das kostete viel Geld. Ihr Mann hatte schon die Hälfte seines Feldes verkauft, um die Hindupriester zu bezahlen. Jetzt verkaufte er auch noch sein Ochsengespann. Er liebte seine Frau und wollte alles geben, damit sie wieder gesund würde. Aber auch die Zauberer konnten nicht helfen.

Schließlich sagte eine Nachbarin: »Geht doch zu Maria. Sie betet zu dem Gott Jesus und hat schon vielen geholfen.« Die Frau wollte nicht: »Das ist sicher teuer und wie soll ein fremder Gott helfen? Es ist mein Karma, dass ich sterben soll!« Doch ihr Mann bedrängte sie: »Noch haben wir ein Stück Feld. Wir können noch bezahlen.« Sie willigte zögernd ein, war aber zu schwach, um selbst zu Maria gehen zu können. Ihr Mann holte Maria. Er schilderte die Not seiner Frau und fragte dann sichtlich verlegen: »Was kostet bei dir ein Gebet? Wir haben nicht mehr viel Geld.« Maria beruhigte ihn: »Beten kostet nichts. Du musst nichts bezahlen. Der Gott Jesus gibt alles umsonst!« Fast ungläubig hörte es der Mann.

Maria betete mit der Kranken in ihrer einfachen Hütte und bat Jesus um Hilfe und Heilung. Es war Montag, der 22. Januar 2001. »Ich komme morgen wieder«, versprach sie. Sie betete in der Hütte jeden Tag. Bei der Kranken zeigten sich Zeichen der Besserung. Es war, wie wenn mit jedem Gebetstag wieder Leben in sie zurückkehren würde. Am Freitag, dem 26. Januar, betete Maria wieder für die sichtlich zu Kräften Kommende. Dann ging sie auf ihr Feld, um zu arbeiten. Plötzlich hörte sie ein durchdringendes Zischen. Eine große, hochgiftige Schlange hatte sich aufgerichtet und bedrohte sie. Maria war tief erschrocken. Aber ihr war auch klar: der Satan wollte nicht, dass durch ihr Gebet die Macht von Jesus Christus sichtbar würde. Maria fasste Mut und rief laut: »Im Namen von Jesus Christus, gehe weg!« Die Schlange verharrte, dann sank sie in sich zusammen und kroch blitzschnell davon. Ich hörte gebannt zu. Dann kam Maria zum Ende ihres Zeugnisses; sie wies auf eine Frau und sagte: »Da sitzt sie. Ich habe Parani – so hieß die Kranke – zum Gottesdienst mitgebracht. Sie ist wieder kräftig und will jetzt mehr von dem Gott Jesus hören.« Alle waren tief bewegt und die Gemeinde stand auf und sang ein Loblied.

3 Der erfolgreiche Kreuzzug

Prasad ist einer der Dekane unserer Kirche in Indien. Er trägt die Verantwortung für ein großes Gebiet im Silerdschungel mit über 40 Pastoren und Evangelisten in fast 100 Gemeinden. Ich kenne ihn schon viele Jahre und er ist mir ein wirklicher Bruder geworden. Er ist ein sehr freundlicher, bescheidener, demütiger und vollmächtiger Mann. Ein Erlebnis mit ihm zeigt seine ganze Hingabe für Jesus und seinen Diensteifer.

Wie jedes Jahr fand wieder die große Evangelisation unserer Kirche – *Holy Convention* = heilige Versammlung – im Januar im Missionszentrum in Vizag statt. Aus allen unseren Gemeinden strömen dann Menschen zusammen, um vier Tage lang Gemeinschaft zu erleben, Gottes Wort zu hören und miteinander Jesus zu feiern. Dabei gilt eine Regel: Jeder Christ soll einen Nichtchristen mitbringen. Unsere Gemeindeglieder nehmen das sehr ernst. So sind fast die Hälfte der 10 000 bis 15 000 Teilnehmer Menschen, die zum ersten Mal konzentriert das Evangelium von der Rettung durch Jesus Christus hören. Es ist also wirklich Evangelisations-Einladungszeit. Und – Gott sei Lob und Dank – jedes Jahr treffen dabei viele Hunderte eine Entscheidung für Jesus und lassen sich taufen.

Auch Prasad lud in seinen Gemeinden zur *Holy Convention* ein. Dann hatte er einen Plan. Er zimmerte aus zwei Balken ein großes Kreuz. Acht Tage vor Beginn der Evangelisation machte er sich auf den Weg nach Vizag – von seinem Silerdorf aus fast 220 Kilometer. Nur er und zwei Gemeindeälteste brachen auf. Aber das Besondere: Er trug das Kreuz über der Schulter. Nach 5 Kilometern das erste Dorf. Die Menschen strömten zusammen, bestaunten den Mann mit dem Kreuz, fragten, was das bedeuten solle. Prasad legte sein Kreuz ab und begann, von Jesus zu predigen: »Kommt mit, ihr werdet vier Tage lang von unserem Gott Jesus hören, der euch liebt und euch retten und helfen will«, so schloss er seine Predigt. Und tatsächlich: 20 Leute schlossen sich ihm an und zogen mit ihm weiter. So ging er in jedes Dorf auf dem Weg. Als er in Narsipatnam, etwa der Hälfte der Strecke, war, zogen schon fast 300 Leute mit ihm. Er konnte noch viele Predigten halten. Als er in Vizag im Missionszentrum ankam, war er völlig erschöpft. Die meiste Zeit hatte er das Kreuz getragen. Aber über 500 Menschen, alles Nichtchristen, kamen mit ihm auf diese Weise zur Evangelisation. Unter dem Zeichen des Kreuzes fanden so viele das ewige Leben.

Übrigens, das Kreuz Prasads gibt es noch heute. Wir waren tief bewegt, als wir Prasads Kreuzzug sahen. Die Bibelschüler beschlossen spontan, dieses Kreuz zu einem Zeichen zu machen. Gegenüber dem Missionszentrum ragt ein Berg auf. In mühevoller Plackerei schleppten sie das Kreuz fast bis zum Gipfel und befestigten es an der Felswand. Sie strichen es leuchtend weiß an und pinselten auf den Felsen: Jesus, saviour = Jesus, der Retter und UCIM, den Namen unserer Kirche. Jedes Jahr wird die Farbe erneuert. Bis heute leuchtet dieses Kreuz unübersehbar an der großen Hauptstraße zwischen Kalkutta und Madras. Unzählige Menschen haben schon nach der Bedeutung dieses Zeichens gefragt. Prasads Kreuz predigt weiter.

Die Hindus beschwerten sich einmal über dieses Kreuz auf dem Berg. Unser Bischof Singh sagte ihnen: »Sie können das Kreuz selbst herunterholen. Wir werden das nicht tun.« Mehrere Versuche wurden unternommen, das Kreuz zu entfernen, aber immer missglückte das. Bis heute predigt Prasads Kreuz.

4 Rama bekommt einen Vater

Rama wurde in einem Slum in Vizag geboren. Wann – das weiß niemand so genau. Er wurde nie amtlich registriert, nie wurde ein Geburtsschein ausgestellt. Es muss wohl Ende der 60er-Jahre gewesen sein. Seine Mutter brachte ihn in der Slumhütte aus Lehm, Blech und Plastikfolien zur Welt. Es war ihre siebte Geburt, drei Kinder waren schon früh gestorben. Rama überlebte die ersten Monate. Seine Mutter konnte sich kaum um ihn kümmern. Morgens arbeitete sie im Haushalt reicher Familien. Da bekam sie manchmal etwas Milch für Rama. Sie selbst konnte ihn nicht stillen. In den Nächten war sie oft weg. Sie »arbeitete« in einem berüchtigten Haus, war dort Männern zu Willen. Aber so überlebte die Familie. Seine Schwestern zogen Rama auf. Einen Vater kannte er nicht. Manchmal stolperte ein großer, meist betrunkener Mann in die erbärmliche Hütte. Dann setzte es Schläge. Ramas Mutter weinte. Es war ihr Mann, aber er hatte die Kinder nie als die seinen anerkannt. Es war auch nicht sicher, ob er tatsächlich ihr Vater war.

Er durchsuchte die ganze Hütte, fand das mühsam gesparte Geld, verpasste Rama unter wilden Flüchen einige Hiebe und zog dann wieder ab. Oft tauchte er Monate lang nicht auf – zur Erleichterung aller.

Rama wurde ein Jahr alt. Die älteste Schwester nahm

ihn mit zur »Arbeit«: Sie bettelte, war angestellt bei einer Bande. 80 Prozent ihres Erbettelten musste sie abliefern, 20 Prozent durfte sie behalten. Sie bettelte am Bahnhof, an den Bushaltestellen, vor den Geschäften. Rama hatte sie wirkungsvoll zurechtgemacht. Den Kopf dick verbunden, große Blutflecke – rote Farbe – auf der verdreckten Binde. Er sah zum Erbarmen aus. Ihr »Verdienst« stieg. Später bettelte Rama selbstständig.

Rama wurde sechs Jahre alt. Jetzt begann er selbst zu »arbeiten«. Er wurde Mitglied in einer Räuberbande. Zuerst stahl er Kleinigkeiten: dort eine Hose, die zum Trocknen dalag; ein Paar Schuhe vor einer Wohnungstür; Handtücher von der Leine. Doch er wurde zu einem Spezialisten: Durch den Slum führte eine Bahnlinie; die Züge mussten langsam fahren, oft vor einem Haltesignal warten. Rama sprang durch die meist offenen Türen in einen der Wagen. Er hatte extra zwei gute Hemden und eine schwarze Hose gestohlen, seine »Arbeitskleidung«. Gezielt beobachtete er die Reisenden. Er enterte nur Wagen der ersten Klasse. Dann griff er zu. Kurz bevor der Zug wieder Fahrt aufnahm, sprang er mit der erbeuteten Reisetasche ab. Der Bestohlene hatte keine Chance.

Rama entwickelte eine besondere Methode: Er trat als Teeverkäufer auf. In jedem indischen Zug ein gewohnter Dienstleister. Sein Tee aber hatte es in sich. Sah er einen besonders »einträglichen« Kunden, mischte er seinem Tee schnell einige K.O.-Tropfen bei. Der solchermaßen Bediente entschlummerte schnell. Mit dessen Koffer stieg Rama seelenruhig am nächsten Halt aus. Rama wurde nie erwischt.

Rama wurde zwölf Jahre alt. Er wurde schwer krank, bekam hohes Fieber. Sein ganzer Körper wurde ausgezehrt. Doch es war kein Geld für Medizin da. Er lag in der elenden Hütte, sein Leben schien zu Ende.

Unsere Bibelschüler hielten eine Versammlung in diesem Slum. Ramas älteste Schwester war dabei. Sie war Christin geworden. Nach dem Gottesdienst bat sie den Leiter der Gruppe, Pastor Amos, für Rama zu beten. Amos ging mit in die Hütte und sah sofort, wie ernst es um den Jungen stand. »Dürfen wir Rama mitnehmen?«, fragte er kurz entschlossen die weinende Mutter. »Ja, mach ihn wieder gesund. Er soll bei euch bleiben. Ihr seid gute Leute. Vielleicht wird er dann auch gut.«

Rama brauchte viel Pflege, aber er wurde gesund. Jetzt lebte und lernte er im Kinderheim in Vizag. Er wurde amtlich registriert, wie alle Kinder, die in unseren Heimen leben. In seinem Ausweis stand nun ein Geburtsdatum: 1. April 1968 – geschätzt –! In der Spalte »Vater« stand Singhs Name, wie bei allen Kindern im Heim. Singh ist 171facher Vater. Sie rufen ihn auch so: Tschala Babu = großer Vater.

Ein Jahr war Rama nun im Kinderheim. Er hatte viel gelernt. Da machte er seinen ersten Besuch im Slum, traf seine alten Freunde wieder und wurde rückfällig. Er nahm seinen Beruf als »Teeverkäufer« wieder auf. Hier konnte man schnelles Geld machen. Er wurde erwischt. Die Polizei benachrichtigte seinen »Vater«! Singh kam auf die Polizeiwache. Er bezahlte 300 Rupien Strafe und konnte Rama mitnehmen. Der Junge gelobte unter Tränen Besserung. Er blieb im Kinderheim.

Rama schloss die Schule ab. Dann besuchte er für drei Jahre unsere Bibelschule. Er war Christ geworden und ließ sich taufen. Er nahm einen neuen, einen christlichen Namen an. Er bat darum, dass sein neuer Name Paul/Paulus sein sollte. Aus einem Saulus war ein Paulus geworden.

Heute ist Rama/Paul Pastor im Silerdschungel. Er ist verheiratet. Singh, »sein Vater«, hat ihm eine Frau gesucht, wie es indischer Kultur entspricht: ein Mädchen, das auch im Kinderheim groß geworden ist. Sie ist ihm eine wirkliche Ergänzung und Hilfe. Sie haben zwei Söhne. Singh ist nun schon über 300-mal »Großvater«.

5 Timotheus – die Gottesgabe

Der Gottesdienst war zu Ende. Die vielen Besucher gingen zum Essen. Das gibt es jeden Sonntag für die Gemeinde. Für die meisten ist es die einzige wirklich sättigende Mahlzeit in der Woche. Paradesipalem ist eine arme Gemeinde. Singh wollte nach Hause gehen. Am Ausgang der Kirche standen einige Frauen in aufgeregtem Gespräch. Sie hielten ihn auf. Eine der Frauen hatte ein winziges Bündel in den Armen, ein Baby. »War es krank? Sollte er es segnen?«, überlegte Singh. Doch die Frauen erklärten ihm: »Dieses Baby lag hier in der Ecke. Wir wissen nicht, wo seine Mutter ist.« Das Baby begann zu schreien. Es hatte Hunger.

Singh wusste sich zu helfen. Er schickte die Bibelschüler unter die Menge. Sie befragten alle, ob ihnen das Baby gehöre. Doch ohne Erfolg. Niemand meldete sich. Niemand vermisste ein Baby. Mit einem Megaphon versuchte es Singh selbst noch einmal: »Wem gehört das Baby?« Doch keiner meldete sich. Nun war es klar: Eine Mutter hatte, aus welchen Gründen auch immer, ihr Baby ausgesetzt. Wohl in der Hoffnung, dass ihr Kind hier eine wirkliche Lebenschance erhielte. Wie groß muss doch die Not einer Mutter sein, bis sie so etwas tut. Denn das Baby war ein Junge, in Indien Grund zu großem Stolz. Bei der Geburt eines Mädchens kommen die Verwandten zum »Beileidsbesuch«. Mädchen sind eine große Last für die Eltern, denn bei der Hochzeit müssen die Eltern eine hohe Mitgift bezahlen.

Das Baby blieb in Paradesipalem, im Mädchenkinderdorf, zunächst versorgt von zwei älteren Mädchen. Wochenlang stellte Singh Nachforschungen an. Doch ohne jeden Erfolg. Schließlich nahm er das Baby offiziell auf. In einem Gottesdienst bekam es einen Namen: Timotheus = Gottesgabe oder »einer, der Gott ehrt«. Timotheus wurde amtlich registriert. In der Spalte Vater steht Singhs Name, wie bei so vielen Kindern im Kinderheim, die Spalte: »Mutter« – ein Strich. Singh gab ihm ein Geburtsdatum, sein eigenes. 4. September – geschätzt.

In Deutschland erzählte uns Singh die Geschichte von Timotheus. Sie bewegte viele Herzen. Eine Frau, selbst kinderlos, gab das Geld zum Bau eines Säuglingsheimes. Timotheus ist kein Einzelfall, Kindesaussetzungen kommen immer wieder vor. In der Regel sind es jedoch Mädchen.

Im Mädchenkinderdorf in Vizag bauten wir ein sechstes Haus für solche Babys. Heute ist es voll belegt mit 20 Babys, betreut von einer »Mutter« und fünf Helferinnen. Timotheus ist inzwischen ungefähr drei Jahre alt. Er wächst munter heran, ist der »Star« bei den 80 Mädchen, die im Kinderdorf leben.

6 Die »übersehene« Erweckung

Eines ist doch gleich bleibend unsere Sehnsucht und Bitte als Christen: dass Gott unter uns Erweckung schenkt, dass die Gemeinde in Bewegung kommt und bleibt. So beten wir. So beten wir auch schon lange in unserer Kirchengemeinde. Einige Verantwortliche aus verschiedenen Gemeindegruppen richteten einen regelmäßigen Gebetsabend ein. Mittwochabends versammeln wir uns zum gemeinsamen Gebet und beten auch gezielt um Erweckung, um Neuaufbau in unserer Gemeinde.

Wieder ist es Mittwochabend. Es war im Spätsommer, ein milder Abend. Die Fenster in unserem Gebetsraum im Gemeindehaus standen offen, damit frische Luft kühlen sollte. Wir beteten. Wir beteten um Erweckung. Draußen vor dem Gemeindehaus wurde es laut: Stimmengewirr, lautes Rufen, Lachen. Ich fühlte mich zunehmend gestört und ging zum Fenster, um es zu schließen. Eine Gruppe von etwa vierzig Jugendlichen hatte sich vor dem Gemeindehaus versammelt. Unser jüngster Sohn war auch dabei. Schon wollte ich ärgerlich etwas sagen, mit Rücksicht auf die Beter unterließ ich es aber und schloss die Fenster: »Müssen die so laut sein und stören«, dachte ich, »sie wissen doch, dass hier Gebetskreis ist. Es wäre besser, sie würden mitbeten.«

Spät in der Nacht kam unser Jüngster heim. Ich saß noch im Wohnzimmer. »Papa«, es sprudelte nur so aus ihm heraus, »das war heute klasse, echt spitze, voll krass.« »Was denn, wo warst du denn?«, fragte ich. »Du weißt doch, im Jugendgottesdienst vom Bezirksjugendwerk.« Ich hatte vergessen, dass dieser an diesem Abend stattgefunden hatte. »Die Band war super drauf«, erzählte mein Sohn weiter, »die message (Botschaft) war echt spitze. Aber weißt du, was das Beste ist?« »Was?«, fragte ich ziemlich reserviert. »Heute Abend haben wieder fünf aus unserer Gruppe klar gesagt, dass sie bewusst zu Jesus gehören wollen.« Er zählte die Namen auf. Drei von dem Jahrgang, den ich im April konfirmiert hatte, waren dabei. »Jetzt sind es schon über zwanzig in den letzten Monaten, die sich so entschieden haben. Und nächsten Monat findet der Jugendgottesdienst ja bei uns in Dettingen statt. Wir haben heute Abend beschlossen, dass wir ab morgen jeden Tag dafür beten, dass noch viele dazukommen.« Ich hörte ihm ganz still zu, wurde immer beschämter im Herzen. Ich dachte an meinen Ärger über die Störung unserer Gebetsstunde.

Da war sie doch, die Antwort auf unsere Gebete. Jesus wirkte unter den jungen Leuten und ich hätte das fast übersehen, achselzuckend abgetan. »Ja, ja die Jungen, die brauchen eben ihre Events, möglichst laute, fetzige Musik und so«, so hatte ich gedacht. Ja, aber eben darin geschah Aufbruch, Erweckung, Belebung.

Bei einem Jugendgottesdienst war ich dabei und staunte dankbar über diesen lebendigen, einladenden, zeugnishaften Gottesdienst. Wir beten weiter in unserem Gebetskreis um Fortgang und Vertiefung der Erweckung, und wir danken ganz bewusst für das Wirken des Geistes Gottes an so vielen jungen Menschen.

7 Das schwebende Freizeitheim

Wir waren auf einer Jugendfreizeit in den herrlichen Schweizer Alpen, in einem schönen Freizeitheim in über 1600 Metern Höhe. Viele Bergwanderungen lagen hinter uns, gute Stunden bei Sport und Spiel. Die täglichen Bibelarbeiten hatte ich unter dem Thema: »Menschen begegnen Jesus!« gehalten. Die Jungen wussten, um welche Lebensentscheidung es bei Jesus geht.

Am vorletzten Tag der Freizeit bat mich Martin um ein Gespräch. Wir gingen ein Stück den Berg hinauf und setzten uns auf eine Bank. Es war gegen Abend. Die untergehende Sonne strahlte das Freizeitheim, das etwa 50 Meter tiefer lag, rötlich an. »Ich möchte auch glauben, aber ich kann nicht glauben, ohne etwas zu sehen. Ich brauche etwas Sichtbares, Wirkliches, sonst kann ich nicht glauben.« Ohne jeden Schnörkel formulierte er sein Problem. Ich schwieg, ging dann mit tastenden Worten auf ihn ein, redete schließlich von der Erfahrung von Thomas, dem Zweifler. »Eben«, sagte Martin, »so bin ich auch, ich muss erst etwas sehen.«

Mir kam ein komischer Gedanke und fast unüberlegt sprach ich ihn aus: »Würde dir das genügen, wenn ich Gott bitte, dass das Freizeitheim dort«, ich wies auf das Haus, »fünf Meter in die Luft gehen soll?«, fragte ich Martin. Er war begeistert. »Ja, das wär's.« Nun war ich in der Klemme, aber dann sagte ich doch: »Also dann tun wir das!« »Halt«, warf Martin ein, »eine Bedingung noch.« »Reicht das nicht?«, staunte ich. »Nein, du könntest mich ja irgendwie hypnotisieren oder eine Luftspiegelung oder Ähnliches. Ich möchte hinuntergehen und unter dem schwebenden Freizeitheim durchgehen.« Ich dachte nach. »Also das verstehe ich«, war meine Antwort. »Also machen wir es so: Ich bete: Jesus, Martin will gern glauben, muss aber vorher etwas sehen. Bitte lass das Freizeitheim fünf Meter in die Luft gehen! Dann gehst du runter, läufst drunter durch und dann glaubst du!« Martin nickte eifrig, überlegte dann und sagte schließlich: »Noch eine Bedingung.« »Was denn aber noch?«, fragte ich schon innerlich lächelnd zurück. »Das Freizeitheim müsste oben bleiben. Immer wenn ich dann Zweifel hätte, könnte ich hierher kommen und wäre wieder sicher im Glauben.«

»An was würdest du denn dann glauben?«, fragte ich zurück, »gewiss nicht zuerst an Jesus Christus, sondern an das schwebende Freizeitheim!« Ich malte ihm das aus. Das schwebende Freizeitheim wäre eine Sensation. Alle Medien würden berichten, Expertenteams anreisen und ihre Erklärungen abgeben. Etwa: ein seltener Fall von starkem Erdmagnetismus oder unerklärliche Kräfte aus dem Weltraum, erhöhte Sonnenflecktätigkeit und was alles noch. Die Erklärung, dies sei Gottes Kraft, würde schnell lächerlich gemacht werden.

Martin war sehr nachdenklich geworden. Ich fühlte, er hatte begriffen, dass die Entscheidung des Glaubens eine Vertrauensentscheidung ist. Wir beendeten unser Gespräch. Ich drang nicht weiter in ihn. Martin ist später Pfarrer geworden.

8 Gerettet durch »Fanatiker«!

Er war ein angesehener Bürger der Gemeinde, ein Geschäftsmann mit einem Großhandel. Auch in der Kirchengemeinde war er dabei. »Nicht so fanatisch«, wie er zu sagen pflegte, aber er war ab und zu im Gottesdienst und gab auch jährlich eine namhafte Spende. Einer seiner Mitarbeiter gehörte zu den »Stundenleuten, den Sälesleuten«, so wurden die Mitglieder der altpietistischen Gemeinschaft am Ort genannt, die sich regelmäßig in ihrem eigenen kleinen Saal versammelten und treue und aktive Mitglieder der Kirchengemeinde waren.

Ihm war das zu »fanatisch«, er schätzte seinen Mitarbeiter aber. So sagte er einmal zu ihm: »Ihr übertreibt das, die Kirche genügt doch, ihr habt einen religiösen Tick.« Auch die freundliche Antwort, dass sie in ihren Versammlungen eben vertiefend die Bibel lesen und wirkliche christliche Gemeinschaft leben wollen, konnte seine Meinung nicht ändern. »Tu halt, was du nicht lassen kannst«, brummte er abschließend, »aber mich siehst du nie im Säle.«

Es war eine Nacht im Januar. Er war unterwegs gewesen zu einem Geschäftsabschluss bei Ulm. Nun fuhr er mit seinem großen Mercedes nach Hause. Es hatte stark geschneit. Im Autoradio kam die Warnmeldung, dass die Autobahn von Ulm nach Stuttgart nach einem schweren Unfall gesperrt sei. Er beschloss, auf Nebenstraßen über die Alb nach Hause zu fahren. Er hatte ja neue Winterreifen aufgezogen. Es war nach 21.00 Uhr. In einer Kurve kam der schwere Wagen ins Rutschen. Er versuchte gegenzusteuern, doch die Fahrt endete im Straßengraben. Ärgerlich stieg er aus, fiel dabei in den tiefen Schnee, das Auto rutschte nach und sein rechtes Bein wurde unter dem Vorderrad eingeklemmt. Er versuchte sich zu befreien, grub mit den Händen im Schnee, aber er konnte sich nicht helfen. Da lag er im Schnee. »Hoffentlich kommt bald ein Auto vorbei«, dachte er. Doch die Straße blieb dunkel. Langsam kroch die Kälte durch den Anzugstoff, das eingeklemmte Bein schmerzte. Die Angst stieg in ihm hoch. »Wenn nun kein Auto käme ...?« Es begann wieder zu schneien, der Mercedes wurde weiß. Er selbst mit Schnee langsam bedeckt.

Schon 40 Minuten lag er so. Seine Angst wurde stärker. »Sollte das das Ende sein?« Da, zwei Lichter erhellten die Nacht. Ein Auto näherte sich. Es kam fast an der gleichen Stelle ins Rutschen, fing sich aber wieder. Er begann laut zu rufen. Hatten sie ihn gesehen? Tatsächlich, der Wagen hielt an. Zwei Männer kamen suchend näher, entdeckten ihn. »Mensch, Fritz, du bist das?« Sie befreiten ihn. Es waren zwei »Sälesleute« aus seinem Dorf. »Wir wollten schon weiterfahren«, erzählten sie dann, »aber dann sahen wir etwas blinken im Scheinwerferlicht«, es war wohl die verchromte Stoßstange des Mercedes gewesen, »Gott sei Dank, dass wir dich so gefunden haben.« »Ja wirklich, Gott sei Dank«, bekräftigte er.

Den Mercedes mussten sie stehen lassen, Fritz fuhr ihn nach Hause. Auf seine Frage, warum sie noch so spät unterwegs seien, erklärten sie ihm dann, dass sie in einem Dorf an der Abendversammlung der altpietistischen Gemeinschaft teilgenommen hatten. »Wir besuchen uns einander und legen dann auch dort die Bibel aus.« Sie sprachen ihn dann auch ganz offen an: »Fritz, das hätte schlimm ausgehen können«, und sie fragten sogar ganz direkt: »Wärst du bereit gewesen, vor Gott zu treten?« Er antwortete nicht viel, aber er änderte sein Leben. Er wurde ein bewusster Christ. Jetzt lebt er aktiv in der Kirchengemeinde. Zu den »Sälesleuten« gehört er nicht. Aber zweimal war er schon dort, saß in der letzten Bank und hörte zu. Als ihn sein Mitarbeiter darauf ansprach, sagte er ein wenig verschmitzt: »Das waren Danke-Besuche.«

9 Jetzt brauche ich ein Zeichen

Wir waren auf der Heimfahrt von einer Geburtstagsfeier. Es war schon spät am Abend und noch etwa 300 Kilometer lagen vor uns. Im Auto war es ruhig geworden. Meine Mitfahrer dösten vor sich hin. Ich ging in Gedanken noch einmal die Sonntagspredigt durch. Es war Samstagabend.

Ein leichter Schmerz in einem Backenzahn, ich gab nichts drauf. Doch der Schmerz verstärkte sich, wurde immer heftiger. Ich konnte nicht mehr zusammenhängend denken, das pochte und pulsierte wie wild. »Soll ich anhalten, ein anderer kann ja weiterfahren?«, so dachte ich. Doch davon würde der Schmerz auch nicht weggehen. Also blieb ich am Steuer. »Halte durch bis Dettingen, dort nimmst du zwei Aspirin, das wird helfen«, sprach ich mir selbst Mut zu.

Wirklich, die Aspirintabletten? In meinem Kopf entstand ein Bild. Erst vor wenigen Tagen war ich von unserer Mitarbeiterkonferenz der UCIM-Kirche/Nethanja Kinderheime aus Indien zurückgekehrt. Ich sah es ganz deutlich: Nach einem Gottesdienst kam in der Reihe derer, die gesegnet werden wollten und die nun um das Krankengebet nach Jakobus 5 baten, ein junger Mann mit dick verschwollenem Gesicht. Er hatte große Zahnschmerzen. Ich legte ihm nach seiner Bitte die Hände auf, betete über ihm und Jesus heilte ihn. Eine

»alltägliche« Erfahrung unserer indischen Christen. »Und ich setze meine Hoffnung auf Schmerztabletten«, ich war tief beschämt, aber auch verunsichert.

Dann betete ich: »Herr Jesus, vergib mir, ich will dir vertrauen und nicht dem Aspirin. Ich habe Zahnschmerzen, hilf du mir und nimm den Schmerz weg.« Zunächst war ich erleichtert, doch dann kamen Einwände in mir hoch: »Jetzt betest du; du hättest doch schon lang zum Zahnarzt gehen sollen. Du Angsthase hast dich nicht getraut. Jetzt soll's Jesus richten.« Ich wurde verlegen. »Herr Jesus«, betete ich wieder, »verzeih, ich will dich nicht missbrauchen, zu meinem Notnagel machen.«

»Die in Indien haben ja keinen Zahnarzt, bestenfalls ›Zahnreißer‹, die müssen schon zu Jesus kommen«, so argumentierte ich in mir. »Und überhaupt, man soll ja Jesus nicht erpressen, er ist doch ganz frei in seinem Tun«, richtig »fromm« entschuldigte ich mich selbst. Ruhig aber wurde ich nicht. Der Zahn machte sich immer stärker bemerkbar. Der Schmerz war kaum auszuhalten. Augen zu und durch bis zum rettenden Aspirin?

So konnte es nicht sein: »Lieber Herr«, ich warf alle Einwände über Bord, »ich habe Zahnweh, ich bitte dich um Hilfe. Ich will so kindlich vertrauen wie der junge Bruder in Indien. Ich habe tausend Fragen, Gedanken und Einwände, wenn ich so zu dir jetzt bete, aber: gib mir ein Zeichen deiner Kraft und Hilfe. Ich will nicht nur immer über Heilungen predigen; ich will dich ganz persönlich erfahren.«

Rechts dampfte der Kühlturm des Atomkraftwerkes

Neckarwestheim – ich weiß die Stelle auf der Autobahn noch ganz genau – und das Pochen hörte auf. Vorsichtig tastete meine Zunge an den Zahn, ich biss auf den Zahn – der Schmerz verschwand. »Danke, Herr«, fast stammelnd betete ich weiter, »du bist da, hast Kraft. Ich brauche dich. Und will dir immer kindlicher vertrauen lernen.«

In der Woche darauf holte ich mir einen Termin beim Zahnarzt. Der musste den »Unruhestifter« schließlich ziehen.

10 Ehe denn sie rufen …

Ein trüber Herbstabend im November. Gegen 18.30 Uhr stieg ich ins Auto. Ich sollte bei einem Gemeinschaftsgottesdienst anlässlich des Jubiläums in einer schwäbischen Stadt die Festpredigt halten. Für etwa 80 Kilometer hatte ich eine Stunde Fahrzeit eingeplant. Das würde zeitlich gut reichen. Der Gemeinschaftsleiter hatte mir die Strecke zum Versammlungsort genau beschrieben: »Sie können uns gar nicht verfehlen, wir sind kinderleicht zu finden«, hatte er mir versichert.

Kurz vor halb acht war ich in der Stadt; es war neblig, regnete leicht; die Straßennamen waren kaum zu entziffern. Wie hatte er gesagt? Die Hauptstraße immer gerade aus durch, zweite Kreuzung rechts, dann sehen sie schon die Einfahrt und unser Haus. Ich bog ab wie geheißen und stand mitten in der Fußgängerzone. Kein Gemeinschaftshaus weit und breit. War ich falsch abgebogen? Ich wusste, dass ich einen miserablen Ortssinn habe, wurde leicht unsicher, aber ich suchte weiter. Zweimal umrundete ich die Altstadt: keine Einfahrt zu sehen. Also zurück noch einmal zum Ausgangspunkt, das Ganze von vorn, so entschloss ich mich. Wieder bog ich rechts ab, stand in der Fußgängerzone. Es war schon zehn nach halb acht. Zwei junge Männer kamen vorbei. Ich fragte sie nach der angegebenen Adresse: »Wir nix von hier, wissen nix«, es waren zwei Ausländer. Ich bog nach links ab, ein ödes Fabrikgelände, Sackgasse, mühsam fand ich wieder die Hauptstraße.

Letzte Rettung versprach eine geöffnete Tankstelle. Aber auch da war der Dienst tuende Tankwart ein Ausländer, kannte die Adresse nicht. Er war aber sehr hilfsbereit. Wir studierten zusammen den Stadtplan. Da war doch die Straße. Wortreich erklärte er mir die Fahrtstrecke. »Jetzt finden Sie bestimmt«, lächelte er freundlich. Ich fuhr los. Es war fünf vor acht. Was war jetzt? Die Häuser hörten auf. War ich schon aus der Stadt draußen? Was hatte ich übersehen? Es war zum Verzweifeln. Zum Verzweifeln? Nein, zum Beten. Kurz entschlossen bog ich in eine Hofeinfahrt ein: »Herr Jesus, ich bin zu dumm zum Finden. Bitte hilf du mir jetzt.« Noch während ich betete, die Uhr zeigte Punkt acht, klopfte jemand an die Scheiben. Ich öffnete. »Grüß Gott, Herr Krimmer, Sie sind ja super pünktlich, herzlich willkommen«, da stand der Gemeinschaftsleiter. Ich parkte direkt vor dem Haus. »Danke, Jesus«, konnte ich nur erleichtert sagen. Als wir den Saal betraten, sang gerade der Chor sein erstes Lied.

11 Befiehl du deine Wege…

Unsere Mutter hat Alzheimer. Nach langen Untersuchungen war es nun Gewissheit. Zuerst hatten wir noch gelächelt oder es als Aufregung gedeutet. Auf der Israelreise, die sie mitmachte, hatte sie im Hotel einfach zwei Kleider hängen lassen. Dann war der Kofferschlüssel weg; sie war völlig aufgelöst. Doch zu Hause kam sie dann wieder gut zurecht. Eine Zeit lang, dann rief sie an: »Die neue Waschmaschine ist kaputt.« – Sie konnte sie nur nicht mehr bedienen. Verschimmeltes Brot lag herum. Sie war doch sonst so ordentlich. Nach dem Einkauf fand sie nicht mehr heim, war ganz verwirrt. Nachbarn brachten sie nach Hause. Schließlich konnte sie nicht mehr allein bleiben. Sie lebte nun bei uns. Zuerst war es eine gute Zeit, auch für sie. Sie wurde wieder ruhiger, ausgeglichener. Sie hatte ihr eigenes Zimmer im 2. Stock, weg vom Trubel des Pfarrhauses. Dort saß sie und strickte Socken, viele Paare, sie war doch noch zu etwas nütze. Das befriedigte sie.

Es kamen aber auch schwere Zeiten. Ohne ersichtlichen Grund wurde sie aggressiv: »Ihr haltet mich gefangen«, die Erinnerung an ihr Zuhause stieg wohl in ihr auf. Sie konnte nicht mehr schlafen, stand mitten in der Nacht auf, zog sich an, oft völlig kunterbunt, alles übereinander. Die bösen Worte und Beschuldigungen wogen schwer: »Ihr habt mir alles Geld gestohlen.« –

Unter dem Leintuch lag es zusammengeknüllt. »Ich bekomme nichts zu essen.« – Gerade hatten wir zusammen Mittag gegessen. Wie kann doch solch eine Krankheit einen Menschen zerstören. Für meine Frau war es besonders hart. »Es ist doch meine Mutter!« Es legte sich schwer auf sie, ihre Kräfte waren über die Maßen beansprucht.

Dann ging es in der Familie nicht mehr. Wir konnten ihr nicht mehr die nötige Hilfe sein. Sie musste in allem wie ein kleines Kind betreut und umsorgt werden. Es war eine schwere Entscheidung. Doch wir fanden ein gutes Pflegeheim, nur zehn Minuten entfernt. Und es war ein Gottesgeschenk. Sehr schnell lebte sie sich dort ein und fand ein Zuhause. Die Verbindung zu ihr blieb eng.

Wieder aber kam die Schlaflosigkeit zurück. Die Schwestern wussten sich nicht mehr zu helfen. Sie selbst kam auch immer mehr an das Ende ihrer Kräfte. Sie hatte ein Bild mit dabei, ein großes Jesusbild, so wie es früher in vielen Schlafzimmern hing. Eines Abends sagte die Schwester zu ihr, als sie sie für die Nacht fertig machte: »Da, der Herr Jesus passt doch auf Sie auf. Sie können ruhig schlafen.« Sie schaute auf das Bild, legte sich ins Bett und schlief die ganze Nacht durch. Seitdem steht das auf dem Pflegeplan: »Frau W. auf das Jesusbild hinweisen« und das Schlafproblem ist gelöst. »So ihr nicht werdet wie die Kinder«, sagt Jesus. Auch wenn diese schlimme Krankheit so vieles zerstört, die »Substanz« kann sie doch nicht angreifen. In ihrem Gesangbuch hat sie ein Lied dick angestrichen und mit schon zittriger Hand darüber geschrieben: »Mein

Lieblingslied«. Es ist das Lied: »Bei dir, Jesu, will ich bleiben ...«

Wir verstehen sie oft nicht mehr, es sind keine zusammenhängenden, sinnvollen Worte und Sätze. Auch kennt sie uns kaum mehr. Als meine Frau kürzlich mit ihr Familienbilder ansah, zeigte sie plötzlich auf mein Foto und sagte energisch: »der Arbeitsminister«. Sonst ahnt sie irgendwie, wer ich bin: ihr Schwiegersohn, das ist weg, aber »der Herr Pfarrer«, das sitzt wohl tief. »Komm Mutter«, wir lesen noch ein Lied. Bei einem Besuch schlug ich ihr Gesangbuch auf: »Befiehl du deine Wege, und was dein Herze kränkt, der allertreusten Pflege des, der den Himmel lenkt ...« Und wir trauten unseren Ohren nicht. Sie sprach laut, deutlich und ohne Stocken mit, Strophe um Strophe, alle 12 Strophen. »Das tut gut«, sagte sie dann.

Wir wissen unsere Mutter in der Hand von Jesus. Auch wo wir Menschen wenig oder keinen Zugang mehr finden, da bleibt er da, ist er da. Das »Herz« kann nicht kaputtgehen, da »wohnt« er.

12 So spricht der Herr ...

Ein leichter Schlaganfall, Frau Z. kam ins Krankenhaus. Dort verschlechterte sich ihr Zustand. Es erfolgte noch ein, diesmal schwererer, Schlaganfall. Sie war nicht mehr ansprechbar. Wochen zwischen Hoffen und Bangen: Würde sie sich wieder erholen, vitale Funktionen wieder erlangen, würden die Lähmungen zurückgehen? Schließlich erklärten die behandelnden Ärzte: »Wir können nichts mehr tun, unsere Möglichkeiten sind erschöpft. Ihre Frau, Ihre Mutter bleibt ein völliger Pflegefall.« Zuerst versuchte die Familie, Frau Z. zu Hause zu pflegen. Doch es überstieg ihre Kräfte. Ein Pflegeplatz in einem guten Heim ganz in der Nähe bot die nötige und bessere Betreuung. Täglich viele Stunden war ihr Mann an ihrem Krankenbett; auch die Kinder besuchten die Mutter regelmäßig. Aber sie lag da, ohne irgendeine Äußerung des Erkennens oder der Anteilnahme. Nichts schien zu ihr durchzudringen.

Immer wieder besuchte auch ich sie. Ich sprach sie an, las an ihrem Bett die »bekannten« Lieder: »Befiehl du deine Wege ...«, »Ich steh in meines Herren Hand ...«, »Jesu, geh voran ...« usw., betete mit ihr, auch Psalm 23. Aber auch dabei keinerlei Regung. Ich tröstete die Familie: »Wenn wir meinen, keinerlei Zugang mehr zu haben, Jesus hat viele Wege. Eure Mutter kennt ihn ja, er geht jetzt auch diese Wege mit und ist ihr nahe!«

Aus Wochen wurden Monate. Frau Z.s Zustand

veränderte sich nicht. »Hat das noch einen Sinn? Ist das überhaupt noch ein Leben? Warum muss sie so leiden?« Die Fragen der Familie wurden resignierter. Offensichtlich hatte Frau Z. zunehmend Schmerzen; trotz sorgfältiger Pflege hatte sie wunde Stellen am Körper. Manchmal ein Stöhnen beim Waschen und Umbetten zeigten das.

Doch immer wieder versammelten wir uns an ihrem Bett, sangen und sprachen Trostlieder und die Ermutigungsworte aus der Bibel. Beim letzten Besuch etwas wie Erkennen in ihren Augen, als ich mit ihr den 23. Psalm betete. War das nicht sogar ein leichter Händedruck?

Frau Z. war gestorben. Die Familie kam zum Trauergespräch. Voll Staunen berichteten sie: Am Morgen ihres Sterbetages hatte sie plötzlich die Augen aufgemacht und ihren Mann und die Kinder, die da waren, mit deutlicher Stimme angeredet. Sie hatte über ihre Beerdigung gesprochen und alles Nötige geordnet. »Und denken Sie, Herr Pfarrer«, die Tochter erzählte es mir tief verwundert, »dann hat sie noch gesagt: Bringt dem Herrn Pfarrer einen Hefekranz und 10 Eier; seine Besuche, die Lieder und Gebete haben mir immer so geholfen.«

Sie hatte also sehr vieles »mitbekommen«. Wieder einmal lernte ich: Der Gehörsinn bleibt bei einem Menschen am längsten erhalten. »So spricht der Herr«, wie oft steht das in der Bibel. Ja, die ganze Bibel ist ja Gottes Wort an uns Menschen. Deshalb wählte Gott diesen Weg: Er redet uns an! Und das »tönt« auch hinein in die dunkelsten Strecken eines Lebens.

13 Gebrochen und doch neu ausgerichtet

»Markus hat das Bein gebrochen«, ganz aufgeregt sprang mir der Junge entgegen. Ich kam eben ziemlich geschafft von einer Bergtour zurück. »Der Fuß ist ganz verdreht, die Zehen haben nach hinten geschaut«, fast genüsslich schilderte er die Einzelheiten. Ich war geschockt. Was war passiert? Markus wollte nicht mit auf den Berg. »Ich nehme mir alle Kinder und spiele mit ihnen Fußball«, hatte er mir erklärt. Wir waren auf einer Freizeit des Württembergischen Brüderbundes in Arosa. »So haben die Eltern einen Nachmittag ganz für sich«, hatte ich zugestimmt.

Sie hatten auf einem Hartplatz im Dorf Fußball gespielt. Dabei war Markus ausgerutscht und hatte sich Schien- und Wadenbein gebrochen. Der Schrecken war groß. Er wurde ins Krankenhaus nach Chur gebracht. Dort traf ich ihn dann. Er hatte große Schmerzen. Wir beteten zusammen. Er wurde noch in der Nacht operiert.

Schweren Herzens fuhr ich wieder die 35 Kilometer von Chur nach Arosa hinauf, die 365 Kurven und Kehren. »Herr, musste das sein? Das bringt doch die ganze Freizeitgruppe durcheinander.« Ich dachte daran, wie betreten alle gewesen waren, als ich ins Krankenhaus fuhr. Da kam mir unter dem Beten ständig ein Liedvers in den Sinn. Schließlich sprach ich ihn laut vor mich hin: »Satan, der sinnet auf allerlei Ränke, wie er uns sichte, verstöre und kränke.« Das hat mich tief getröstet und so sagte ich es auch dann zu der verstörten, mitleidenden Freizeitgruppe. »Mehr kann der Satan nicht tun. Er kann uns, die wir Jesus vertrauen, nicht mehr tun. Er kann ›sichten‹, prüfen, ob unser Jesusvertrauen echt ist; er kann ›verstören‹ und das hat er ja mit unserer Gruppe versucht und er will ›kränken‹, uns die Freude nehmen. Aber wir wollen dem allem keinen Raum geben, sondern unsere Freizeit bewusst mit Jesus und gehalten von ihm wie geplant weitermachen.«

Schon nach sechs Tagen wurde Markus aus dem Krankenhaus entlassen. Die Operation war gut gegangen. Alles würde problemlos zusammenwachsen, versicherten die Ärzte. »Allerdings, die nächsten Monate kein Sport, keine große Belastung des Beines.«

Erst langsam begriff Markus, wie tief das in sein Leben eingriff. Er stand vor dem Abitur, wollte den Leistungskurs Sport belegen. Er war ein begeisterter Sportler, ein sehr guter Volleyballer. Das alles war nun nicht möglich. Er musste einen Leistungskurs in Geschichte als »ungeliebten« Ersatz nehmen. Markus war merklich bedrückt. Eigentlich war auch ein Sportstudium sein Wunsch gewesen. Sollte das alles nicht mehr möglich sein? Vielleicht ja doch! Wenn das Bein schnell und gut heilte. Dann aber der Schock. Bei der Nachuntersuchung in Tübingen stellten die Ärzte fest, dass die Knochen nicht richtig zusammengewachsen waren. Eine erneute Operation würde notwendig sein. Seine »Lebensplanung« war wohl dahin.

Warum das alles? Warum so? Aus dem lebenslustigen »Sonnyboy« wurde ein verschlossener Grübler. Ja, er lebte auch mit Jesus, aber das alles brachte sein Vertrauen doch ins Wanken. Es waren schwere Wochen und Monate für ihn. Ich kam auch nicht mehr richtig an ihn heran, konnte ihm wenig Hilfe sein.

Doch langsam tauchte er aus seinem »Tal« auf. Die zweite Operation in Tübingen brachte das gewünschte Ergebnis. Zwei Jahre nach Arosa konnte er wieder richtig gehen, auch – in Maßen – Sport treiben. »Ich habe eigentlich alles auf den Sport gesetzt«, so sagte er mir eines Tages, »daraus holte ich mir auch mein Selbstvertrauen und mein Selbstbewusstsein. Jetzt will ich neu, anders fragen.« Nach dem bestandenen Abitur ging er für ein halbes Jahr auf eine Bibelschule der Fackelträger nach Schweden: »Ich will über mein weiteres Leben Klarheit gewinnen und bin auch bereit, alle Zeit und Kraft hauptamtlich für Jesus zu geben«, so erklärte er uns.

Arosa hatte ihm das Bein gebrochen, aber sein Herz neu ausgerichtet.

14 Ja, ich vertraue

Die bedrückte Stimme von Frau M. am Telefon: »Herr Pfarrer, die Ärzte haben bei mir Krebs festgestellt, an der Leber. Aber eine Operation sei noch möglich, sagen sie. Doch muss das sehr schnell sein. Schon übermorgen soll ich kommen.« Ich war betroffen. Frau M. war eine engagierte, sehr wichtige Mitarbeiterin in unserer Kirchengemeinde. Vielen hatte sie mit Besuchen und Gesprächen in schwierigen Situationen schon geholfen. Nun war sie selbst auf einer schweren Wegstrecke. »Ich möchte Sie bitten, mit mir nach Jakobus 5 zu beten«, sagte sie weiter, »ich will der Operation nicht ausweichen und auch dem Arzt vertrauen, aber mein erstes Vertrauen setze ich auf Jesus.« Das freute mich sehr. Wie schnell geben wir in solchen Situationen doch auf oder setzen alles auf das Können der Ärzte. Dabei bietet uns Jesus im biblischen Wort so deutlich und einfach seine Hilfe an. Es war auch kein »Notausgang« für Frau M., sondern sie nahm für sich die biblischen Zusagen kindlich vertrauend ganz persönlich: »Ist jemand unter euch krank, der rufe zu sich die Ältesten der Gemeinde, dass sie über ihm beten und ihn salben mit Öl in dem Namen des Herrn. Und das Gebet des Glaubens wird dem Kranken helfen, und der Herr wird ihn aufrichten ... (Jakobus 5,14-15).

Es wurde eine bewegende Stunde bei Frau M. Wir – nach der biblischen Anweisung hatte ich noch einen

Ältesten dabei – taten es so, wie es in Jakobus 5 steht. Es braucht auch kein spezielles Öl; wir nahmen das Öl, das sonst in der Küche verwendet wird. Gewiss, wir können und wollen Jesus nicht zwingen, ein Wunder zu tun. Aber es geschah: »Das Gebet des Glaubens wird dem Kranken helfen und der Herr wird ihn aufrichten.« Für »aufrichten« steht im Griechischen ein Wort, das sogar mit »auferwecken« übersetzt werden kann. So wie bei der Auferweckung von Jesus: Ein Mensch kommt vom Tod zum Leben, aus einem todgeweihten Leben zur Ewigkeitsgewissheit. Frau M. und ihr Mann wurden tief getröstet und aufgerichtet.

Wie Jesus gehandelt hat? Frau M. ging ins Krankenhaus. Es war eine gefährliche und lang dauernde Operation: »Wir haben getan, was wir konnten. Aber an der Leber zu operieren, ist eine sehr schwierige Angelegenheit, und ob alles beseitigt ist, können wir nicht mit Bestimmtheit sagen«, erklärten die Ärzte dem Ehemann. Schwere Tage auf der Intensivstation folgten. Doch Frau M. blieb gehalten und getrost. Die Lieder und Gebete bei meinen Besuchen sprach sie manchmal leise mit. Dann wurde sie entlassen, noch schwach zwar, aber »es ist ein Wunder, da hat Jesus geholfen«, war ihre einfache Antwort.

Frau M. ist gesund. Heute, einige Jahre danach, ist nichts mehr von der Krankheit zurückgekommen. Sie muss nur noch einmal im Jahr zur Nachuntersuchung. »Jesus hat mir noch Jahre dazu gegeben«, sagte sie kürzlich bei meinem Besuch zu ihrem Geburtstag, »ich will sie bewusst mit ihm und für ihn leben.«

15 So ein Glied leidet ...

Es war mitten im Gottesdienst. Ich stand am Altar und die Gemeinde sang das Eingangslied. Da fiel mir Herr W. auf. Er war ein bewährter Mitarbeiter in der Gemeinde und saß auch diesen Sonntag an »seinem« Platz in der Kirche. Aber er sang nicht mit, was er sonst doch immer tat. Sein Gesicht wirkte wie verschlossen und irgendwie traurig. »Was er nur hat?«, ging mir durch den Kopf. Doch der Gottesdienst ging weiter: Psalmgebet, Eingangsgebet, Schriftlesung ... Dann stand ich auf der Kanzel, das Lied vor der Predigt. Wieder sang Herr W. nicht mit – es waren doch ganz bekannte Lieder –, wie abwesend saß er da. Immer wieder während der Predigt fiel mein Blick auf ihn. Er schien nichts aufzunehmen, folgte er doch sonst sehr interessiert; heute war das ganz anders.

Nach dem Gottesdienst verabschiedete ich an einer Tür die Gottesdienstbesucher. Dann fiel mir wieder Herr W. ein, aber er war nicht mehr zu sehen, stand nicht wie sonst im Gespräch bei einer der Gruppen auf dem Kirchenvorplatz.

Nachher saß ich im Pfarrhaus an meinem Schreibtisch. Das Gesicht von Herrn W. ging mir nicht aus dem Sinn. »Ich muss ihn unbedingt anrufen«, dachte ich bei mir. »Dräng dich nicht auf, vielleicht bildest du dir nur etwas ein.« Ich war ziemlich unsicher. Mit

Herrn W. hatte es auch eine besondere Geschichte. Ich dachte zurück an den Besuch damals, vor der Konfirmation eines seiner Kinder. Das Ehepaar erwartete mich und begrüßte mich noch ganz aufgeregt. Dann erzählten sie: Herr W. hatte nach der Arbeit noch im Untergeschoss seines Hauses gearbeitet. Ein neuer Boden sollte verlegt werden. »Das reicht noch gut, bevor der Pfarrer zum Konfirmandenbesuch kommt«, hatte er zu seiner Frau gesagt. Auf 20.00 Uhr hatte ich mich angemeldet. Um 19.30 Uhr war Herr W. noch immer nicht oben. Frau W. wurde unruhig, schließlich ging sie in den Kellerraum hinunter. Da fand sie ihren Mann. Er war bewusstlos, die giftigen Dämpfe eines Lösungsmittels hatten ihn betäubt. Schnell riss sie alle Fenster auf. Langsam kam Herr W. wieder zu sich. Allerdings hatte er Kopfschmerzen. »Hätten Sie sich nicht zu Besuch angesagt, das hätte schlimm ausgehen können«, sagten beide sichtlich bewegt. Von Herzen dankten wir Jesus für seine Bewahrung.

Ich griff zum Telefonhörer. Ich musste anrufen. Herr W. meldete sich auch. »Entschuldige, dass ich jetzt um die Mittagszeit anrufe«, begann ich, »aber ich habe dich heute im Gottesdienst gesehen. Du hattest so ein trauriges Gesicht, kann ich dir irgendwie helfen?« Zunächst blieb es stumm am anderen Ende der Leitung, doch dann: »Danke, dass du anrufst, ich kann nur staunen.« Und dann erzählte er mir von einem großen Problem, das ihn zutiefst umtrieb. Es wurde ein sehr gutes, offenes und hilfreiches Gespräch.

Dankbar legte ich nachher den Hörer auf. Dankbar, dass ich diesem »leisen« Drängen des Geistes Gottes nachgegeben hatte. Darin bewährt sich doch christliche Gemeinde, wie wir miteinander verbunden sind und dass wir »mit-leiden«, wenn ein Glied Probleme hat und Hilfe braucht.

16 Er kann noch als Knecht arbeiten …

Paul war Theologiestudent im letzten Semester. Er hatte sich zum Examen angemeldet. Er war ein fleißiger Arbeiter, seine Noten waren über dem Durchschnitt. Da begannen seine Schwierigkeiten. Ganz niedergeschlagen saß er bei mir und berichtete von seinen Symptomen: Schlaflosigkeit, kein Appetit mehr, Angstanfälle, Herzrasen, Depressionen. So sah er auch aus, ganz fahl im Gesicht, die Augen glanzlos. Ich ging mit ihm zu einem Arzt, einem bekannten Psychotherapeuten und Neurologen. Er hatte bei uns im Bengel-Haus schon Vorträge gehalten; wir kannten uns und deshalb bekamen wir bald einen Termin. Er untersuchte Paul gründlich und unterhielt sich lange mit ihm. »Kommen Sie in einer Woche wieder, dann habe ich alle ausgewerteten Befunde.« Paul bat mich, wieder mitzugehen. Er kam ziemlich niedergeschlagen aus dem Sprechzimmer. Der Arzt sprach noch kurz mit mir. »Da ist auf lange Sicht nicht zu helfen«, war seine niederschmetternde Diagnose, »ich habe von ihm erfahren, dass seine Eltern einen großen Bauernhof bewirtschaften; schicken Sie ihn nach Hause, er kann noch als Knecht ein wenig arbeiten.«

Paul wurde ganz apathisch. Ich brachte ihn heim. Seine Eltern waren tief betroffen von seinem Zustand. Nach einigen Wochen besuchte ich Paul wieder. Wir hatten viel für ihn gebetet. Sein Zustand war unverändert. Die Depression hielt ihn völlig gefangen. Doch ich wollte so nicht aufgeben. »Geh mit mir noch einmal zu einem anderen Arzt«, bat ich ihn. Ich hatte bei einem Vortrag, den ich hielt, den Leiter einer bekannten Therapieeinrichtung kennen gelernt. Er hatte viel Erfahrung im Umgang mit psychischen Krankheiten. Paul ging mit, aber ohne große Hoffnung.

Auch hier wurde er lange und gründlich untersucht. Mehrere Sitzungen waren notwendig und dann die Hoffnung. »Ich gebe Ihnen ein Medikament, vielleicht kann das helfen. Ich verspreche mir einiges davon«, sagte der Arzt.

Langsam tauchte Paul aus seiner »Schwärze« auf. Nach einem Jahr war er wieder bei uns im Haus, studierte weiter und bestand sein Examen. »Nun kann ich wirklich als Knecht arbeiten«, meinte er bei der Examensfeier strahlend zu mir, »ich will Knecht Gottes sein.« Paul ist heute Pfarrer einer Gemeinde. Neulich sagte er mir am Telefon: »Ich lebe von Gottes Hilfe und Gnade in Form von Tabletten.« Er nimmt jeden Tag eine halbe Tablette seines Medikaments. So kann er Knecht sein!

17 Wenn der Löwe brüllt

Seit dem frühen Morgen um 4.00 Uhr waren wir auf Safari in der faszinierenden Serengeti-Steppe in Tansania. Mein Schwager Reinhold und ich waren auf einer Afrika-Reise, damals 1972. Mein Doktorvater Professor Thielicke in Hamburg hatte den Anstoß zu dieser Reise gegeben. In seinem Auftrag und mit seinen Empfehlungen – er war zwei Jahre zuvor da gewesen – hatten wir einige Gespräche geführt und interessante Begegnungen erlebt. Nun also der touristische Teil. Wir hatten die reiche Tierwelt Afrikas gesehen, hatten uns ein Auto gemietet und einen erfahrenen Wildhüter mit dabei. Mächtige Elefanten – bis auf wenige Meter waren wir an sie herangekommen; Nashörner – sie können sehr aggressiv werden; die majestätischen Löwen – träge in die frühe Sonne blinzelnd; Geparden; endlose Herden von Zebras, Gnus, Impalas und und und ... Nur Leoparden waren uns noch nicht begegnet. »Sie sind sehr scheu und selten«, erklärte unser Führer, »aber vielleicht finden wir sie doch, ich kenne einen Platz.«

Wir fuhren durch die Savanne. Eine große, weit ausladende Schirmakazie wurde am Horizont sichtbar. Unser Führer hielt darauf zu. Doch, was war das? Als wir näher kamen, sahen wir einen roten Renault 4, so einen kleinen Transporter, der unter dem Baum stand. Die Hecktür stand weit offen. Ein junger Mann hatte es sich bequem gemacht. Er hatte einen kleinen Tisch aufgestellt und verzehrte mit sichtlichem Behagen sein Frühstück. Langsam näherte sich unser Auto. Ich sah unseren Führer an, er stieß unterdrückte Laute aus und war ganz grau im Gesicht. Er zeigte aufgeregt auf den Baum. Dort lagen auf den dicken Ästen zwei Leoparden, noch ganz ruhig und beobachtend. Der junge Franzose – so stellte er sich später vor – sah uns näher kommen und winkte uns zu. Wir machten ihm Zeichen, zeigten nach oben. Er schaute zunächst verständnislos, dann ging sein Blick auch nach oben. Dann ging alles sehr schnell: Er hechtete mit einem Sprung ins Auto und schlug die Hecktür zu. Im selben Moment sprangen die geschmeidigen Raubkatzen vom Baum, der Tisch fiel um, ein Leopard landete auf unserer Fronthaube und dann waren sie verschwunden.

Bleich kam der junge Mann auf uns zu und bedankte sich stammelnd. Der Wildhüter ermahnte ihn streng, so etwas nie wieder zu tun. Der junge Franzose hatte sich in Lebensgefahr begeben.

Wir fuhren nach Hause. Unser Erlebnis ging mir durch den Kopf. Es wurde mir zum Beispiel. So leben wir doch oft im täglichen Leben: sorglos; wir denken, es sei alles sicher und ruhig, und sind doch umlauert und in stetiger Gefahr. Wenn wir Jesus nicht als unseren Schutz hätten ...!? Ich dachte auch an die vergangene Nacht, fast geniere ich mich, das zu erzählen: Wir hatten in einem kleinen Bungalow übernachtet, einfach eingerichtet. Zwei Betten, ein kleiner Tisch, Waschbecken. Das Toilettenhäuschen war 10 Meter entfernt. Gegen 2.00 Uhr war ich aufgewacht, ein menschliches

Bedürfnis, ich wollte zum Häuschen gehen. Da hörte ich ein Gebrüll, das mir durch Mark und Bein ging. Ein Löwe brüllte. Ich zitterte vor Schreck. Mir war alles vergangen. »Ja nicht hinausgehen«, war mein einziger Gedanke.

Ich erzählte meinen Schreck Reinhold und dem Wildhüter. Er lachte schallend: »Du hättest keine Angst haben brauchen. In unser Camp kommt kein Löwe. Außerdem: Der Löwe brüllt nur, wenn er schon Beute gemacht hat, schon gefressen hat und satt ist. Allerdings«, so fügte er dann doch nachdenklich hinzu – »er brüllt manchmal auch, um Beutetiere aufzuscheuchen, um sie in panische Angst zu bringen, so werden sie leichte Beute.«

Wie schreibt Petrus? »Der Satan geht umher wie ein brüllender Löwe und sucht, wen er verschlinge.« Das verstehe ich ganz wirklich seit jener Nacht.

18 Ich müsste euch alle hassen

Es waren eindrückliche und auch aufwühlende Tage für alle. Mit einer Gruppe von Studenten aus dem Albrecht-Bengel-Haus in Tübingen war ich für vier Wochen in Südafrika. Jochen Volker, ein südafrikanischer Theologiestudent, studierte bei uns im Haus und hatte die Reise vorbereitet. Wir hatten die reiche Tierwelt Südafrikas erlebt, in einem Reservat vom Zeltlager aus. Während wir auf Safari waren, hatte eine Affenhorde das ganze Vorratszelt aufgerissen und geplündert. Sie flohen, als wir kamen. Es war ein riesiges Durcheinander und Hallo! In den Drakensbergen waren wir durch wildromantische Landschaften gewandert und hatten auch Badeurlaub am Meer gemacht.

Wir hatten viele christliche Gemeinden besucht. Ich war dann zu einer Vortragsreise und Bibelwoche in Johannesburg eingeladen. Wir hatten auf großen Farmen übernachtet und viele, viele Gespräche geführt. Es war noch die Zeit der Apartheid, der Rassentrennung. Vieles, was wir sahen, hatte uns aufgewühlt. Die Schilder an den Parkbänken »only for whites« – nur für Weiße –, selbst am Strand waren wir getrennt. Die Apartheid bestimmte das gesamte tägliche Leben. Wir waren in Gottesdiensten schwarzer Gemeinden gewesen – eine schriftliche Sondergenehmigung der zuständigen Behörde war dazu notwendig. Die tiefe Gläubigkeit und die Inbrunst der Gospel-Lieder hatten einen tiefen Eindruck hinterlassen. Viele der weißen Großfarmer waren stockkonservativ: »Die Schwarzen sind in keiner Weise reif für die Gesellschaft! Sie sind von ihrer Natur her einfach und können nur unter strenger Anleitung nützlich arbeiten«, so fasste einer seine Ansicht zusammen. Es gab heftige Diskussionen, die Studenten hielten mit ihrer Meinung nicht hinterm Berg. Es kam zu echten Verstimmungen und Ärger. Wir hörten viel über die Kriminalität der Schwarzen, Überfälle, Raub bis hin zu Mord. Die Farmer hatten nachts das Gewehr griffbereit neben dem Bett.

Die tiefe Spaltung, der schwelende Hass der Rassen trat uns immer wieder offen entgegen.

Dann nahm uns Jochen zu einem Treffen mit. Ein bescheidenes Haus in einer der Vorstädte Johannesburgs. »Mothers for peace« stand auf dem Türschild, »Mütter für den Frieden«. Eine ältere, ziemlich rundliche schwarze Dame empfing uns und erzählte aus der Arbeit ihrer Vereinigung. Hauptsächlich schwarze Frauen, aber auch einige weiße setzen sich in zäher Kleinarbeit für die Aussöhnung und den Frieden zwischen den Rassen ein: Hilfe für schwarze Straßenkinder, für Prostituierte, Armenspeisungen, aber auch Vorträge, sogar »gemischte« Versammlungen, die aber von den Behörden oft behindert wurden.

»Wie kamen Sie zu dieser Gruppe?«, fragte eine Studentin. Die Frau schwieg eine Zeit lang, dann schaute sie uns an und erzählte: »Ich hatte einen Sohn. Er war sehr begabt, 18 Jahre war er alt und besuchte das College. Er studierte Jura, wollte Rechtsanwalt werden. Eines Abends kam er nicht heim. Es wurde 23.00 Uhr. Ich war in Sorge. Es war damals eine Ausgangssperre für Schwarze von 22.00 bis 6.00 Uhr. Ich wartete in großer Angst die ganze Nacht. Er kam nicht. Am nächsten Morgen begann ich, ihn zu suchen. Zunächst wusste niemand etwas. Doch dann fand ich ihn im Krankenhaus – übel zusammengeschlagen. Er war noch bei Bewusstsein und berichtete mir, dass ihn drei weiße Polizisten so zugerichtet hätten. Er hatte seine Kennkarte vergessen gehabt! Am Nachmittag ist er in meinen Armen gestorben«, so beendete sie ihren Bericht. Tränen flossen ihr über die Wangen. Es war totenstill im Zimmer.

Dann fasste sie sich wieder, sah uns an und sagte: »Ich müsste euch Weiße tödlich hassen. Das habe ich auch zuerst getan. Aber ich gehöre zu Jesus Christus. Er hat mir den Hass weggenommen. Er hat mir Liebe in mein Herz gegeben. Ich liebe euch um Jesus willen.«

Deutlicher und kürzer habe ich noch nie die verändernde, revolutionäre Kraft des Evangeliums gehört.

19 Eine Zauberin bekommt zwanzig Kinder

Aliama war eine gefürchtete Frau. Sie gehört zu einem Nomadenstamm, ursprünglich im Dschungel beheimatet, aber oft auch in den Dörfern und Städten Andra Pradeshs unterwegs. Sie war eine Zauberin und hatte einen bösen Geist in sich, dem sie diente. Manche ihrer »Künste« sahen harmlos aus: Sie sagte etwa ihren Kunden aus den Handlinien die Zukunft voraus und verlangte Geld dafür. Sie hatte einen Papagei dressiert. Wenn Menschen bestimmte Probleme oder Fragen hatten, nahm sie einige Zettel, auf denen vorbereitete Antworten standen – wie bei uns die Horoskope in den Zeitungen – und der Papagei nahm mit seinem Schnabel einen Zettel, der dann für den Kunden die Antwort enthielt. Aliama verkaufte Amulette, braute »Liebestränke« und las die Zukunft aus den Karten.

Doch sie hatte auch dämonische Kräfte: Sie konnte – wenn man genug bezahlte – einen Fluch auf einen bestimmten Menschen legen, mit dem man zum Beispiel im Streit lag. Und allzu oft traf dieser Fluch auch ein. Mit ihrer dämonischen Macht richtete sie großen Schaden an. Manchmal zwang der Dämon sie, ihm Menschen zuzuführen. Auf einem Marktplatz ging sie dann auf irgendeine junge Frau zu, redete sie in einem eigenartigen Sprechgesang an, der sich zu lautem Schreien steigerte. Dann griff sie mit beiden Händen nach der Frau, die fiel um und war in tiefster Trance. Ich selbst habe auf einem Dschungelmarkt solch eine Furcht einflößende Szene miterlebt.

Aliama kam auch nach Vizag, um dort ihre Künste auszuüben. Sie wohnte in einer Slumhütte. Dort wurde sie sehr krank, bekam hohes Fieber und verfiel in kurzer Zeit körperlich. Niemand konnte ihr helfen. Pastor John Bab und einige Bibelschüler hielten regelmäßig Straßenpredigten dort im Slum. So erfuhren sie auch von Aliama. Sie gingen zu ihr und fragten, ob sie für sie zum Gott Jesus beten dürften. Die elende Kranke bekam plötzlich große Kräfte. Sie brüllte mit kreischender Stimme »Nein« und Flüche und Drohungen. Dann sank sie kraftlos zusammen. Dreimal kam John Bab in den nächsten Tagen wieder zu Besuch. Sie wurde zusehends elender. Dann bat sie mit schwacher Stimme: »Hilf mir, bete für mich zu dem Gott Jesus!«

Das Gebet zeigte Hilfe. John Bab nahm sie mit auf das Missionsgelände. Sie wurde dort gepflegt. Doch es war ein langer Kampf. Der Dämon wollte sie nicht freigeben. Manche Tage wurde sie wie irrsinnig, ihre Flüche und Drohungen hallten durch das ganze Gelände. Die Gemeinde hielt ein siebentägiges Fasten und Beten für sie. Da musste sie der Dämon freilassen. Aliama wurde ganz gesund und frei, eine völlig neue Frau, nicht wieder zu erkennen. Sie wurde Christin und ließ sich taufen. Als neuen Namen erbat sie sich bei ihrer Taufe den Namen Ruthama: eine, die aus fremdem Land in Gottes Land kam.

Ali-/Ruthama fand eine neue Aufgabe. Sie erklärte sich bereit, die Betreuung des Säuglingsheimes zu übernehmen. Und sie macht das bis heute sehr gut und in großer Treue. Fünf junge Frauen helfen ihr dabei. So wurde Ali-/Ruthama »Mutter« von 20 Babys.

20 Er ließ sich taufen mit seinem ganzen Haus

Kiduru ist ein Dschungeldorf, weit abgelegen tief im Silerdschungel. Etwa 35 Familien leben dort, knapp 200 Leute. Auf den kleinen Feldern, die sie dem Dschungel abgerungen haben, bauen sie Reis, Hirse und etwas Gemüse an. Allzu oft gibt es bei dem rauen Klima nur kümmerliche Ernten. Die Männer gehen auf die Jagd und bereichern so den Speiseplan.

Rakuru ist der mächtige Mann im Dorf. Er ist zugleich Häuptling und Medizinmann. Er bestimmt das ganze Leben der Dorfleute. So sagt er etwa den richtigen Tag, wenn der Reis gesetzt werden muss. Eine Ziege wird dann den Göttern geopfert, damit diese gnädig sind und ein Teil des Opfertieres auf jedem Feld vergraben. Zu Rakaru kommen die Leute, wenn sie krank sind; er schlichtet alle Streitigkeiten und er gibt auch sein Ja, er bestimmt sogar, wer wen heiratet.

Sugar Rao, einer unserer Evangelisten besuchte das Dorf Kiduru regelmäßig, sehr zum Missfallen von Rakuru. Doch Rakuru duldete ihn, weil er die Kinder sammelte und im Lesen und Schreiben unterrichtete. Dass er das anhand der Bibel tut – andere Lehrbücher gibt es nicht –, störte Rakuru nicht weiter. So aber drang langsam das Evangelium von Jesus Christus in Kiduru ein: durch die Kinder zu den Eltern. Der Häuptling tat das achselzuckend als »dummes Zeug« ab.

Im Dorf herrschte großer Schrecken. Eben war auf Anweisung Rakurus der Reis gepflanzt worden. Zwei Tage später spülte ein heftiger Regen alle Pflanzen weg. »Das Ziegenopfer reicht nicht«, sagte Rakuru zu den verängstigten Leuten. »Diesmal müssen wir ein Kind opfern.«

Sugar Rao war auch im Dorf. Er hörte von dem Plan des Kinderopfers und ging zum Häuptling. »Ich werde zum Gott Jesus beten und er wird den Reis wachsen lassen. Er hat seinen Sohn für uns schon geopfert. Ihr braucht kein Kind mehr zu opfern. Jesus hat Kraft und er wird helfen.« Rakuru aber lehnte das ab. Doch die Familien im Dorf verweigerten ihm zum ersten Mal den Gehorsam. Sie hatten natürlich auch Angst um ihre Kinder und sie hatten schon viel von Jesus gehört. Sugar Rao durfte einen Erntebittgottesdienst halten. Die nächsten drei Monate waren spannend. Und tatsächlich, der Reis wuchs heran und es gab eine sehr gute Ernte. Rakurus Macht war sichtlich erschüttert, doch er wollte nichts von Jesus wissen.

Eines Tages brach Rakuru zusammen. Er hatte einen schweren Herzanfall, lag zwei Tage fast ohne Bewusstsein in seiner Hütte. Es geht wohl mit ihm zu Ende, dachten alle. Wieder war Sugar Rao da. Viele Stunden saß er bei dem Häuptling und betete für ihn. Rakuru wurde gesund. Nach einer Woche stand er auf und hatte seine ganze Körperkraft wieder. Er war überwunden. Sugar Rao bat noch zwei Evangelisten, nach Kiduru zu kommen. Zwei Wochen predigten sie jeden Abend im Dorf das Evangelium. Dann stand eines Abends Rakuru mitten in der Versammlung auf: »Ich will diesem Gott Jesus dienen. Ich vertraue ihm. Bitte gebt mir die Taufe.« Das war sein eindrucksvolles Bekenntnis.

Nacheinander schlossen sich ihm alle Männer des Dorfes mit ihren Familien an. An einem Sonntag im September empfingen alle Bewohner von Kiduru die Taufe. Viele andere Christen waren nach Kiduru gekommen. Es war ein Jubel- und Dank-Taufgottesdienst. Nicht nur der Reis war gut gewachsen. Es war eine Lebensernte für Jesus.

21 Durch einen Kranken werden fünfzig gesund

Amos arbeitet schon seit vielen Jahren als Evangelist unter den Bondas, einem »wilden« Bergstamm im Dschungel Orissas. Sie leben noch ganz unzivilisiert, tragen nur einen Lendenschurz; die Frauen sind nur mit Schmuckketten bekleidet. Die Bondas sind Jäger. Sie jagen sogar – manchmal erfolgreich – den Tiger. Die Frauen sammeln Wurzeln und Früchte, die im Dschungel wachsen. Ackerbau oder Viehzucht kennen die Bondas nicht. Bei ihnen herrscht das unerbittliche Gesetz der Blutrache und das »Auge um Auge, Zahn um Zahn«-Prinzip. Sie leben mit einer Naturreligion, in der Anbetung der Geister der Ahnen und umgeben von vielen guten und bösen Geistern, denen Opfer gebracht werden müssen.

Amos hatte das Vertrauen einiger Bonda-Häuptlinge gewonnen. Er durfte sogar in manchen Dörfern predigen. Nach fünf Jahren zeigte sich erste »Frucht«: Drei Bondas wurden Christen. Zwei von ihnen wurden dann von wütenden Stammesmitgliedern getötet – ein Häuptling und sein Sohn –, die befürchteten, dass durch den neuen Gott Jesus ihr ganzer Stamm unter den Fluch der Geister kommen würde.

Die Arbeit blieb schwierig. Doch weitere Bondas wurden Christen. Es gab jetzt sogar eine eigene Kirche für die Bondas. Reinhold Rückle und ich konnten sie im Januar 1992 einweihen.

Im Januar 2001 war ich wieder bei Amos und seinen Bondas. Amos strahlte über das ganze Gesicht und erzählte: Anfang Dezember wurde Lalu, ein junger Bondachrist zu mir gebracht. Sein eigener Bruder hatte ihn, aufgehetzt durch andere ungläubige Bondas, mit einem Giftpfeil verwundet. Es ging Lalu sehr schlecht. Amos dachte nicht, dass er überleben würde. Etwa fünfzig Verwandte waren mitgekommen. Sie fürchteten sich vor den fanatischen Stammesmitgliedern.

Amos und seine Bondachristen pflegten Lalu und beteten und fasteten für ihn mehr als drei Wochen lang. Den anderen Verwandten predigte Amos in diesen Wochen das Evangelium. Und Jesus tat ein Wunder: An Weihnachten war Lalu gesund, die Wunde war verheilt. Und ein noch größeres Wunder: Alle Verwandten wollten nun auch zu Jesus gehören.

Amos stellte mir dann Lalu vor und zeigte mir die Narbe. Ich konnte nur danken und staunen.

22 Fisch und Brot des Lebens

Paderpadu ist ein kleines Fischerdorf im weit verzweigten Mündungsdelta des riesigen Godaveri-Stromes. Es gibt über hundert solcher Dörfer an den »Salzflüssen«, so wird dieses Gebiet genannt, denn das hereindrängende Meerwasser macht das Wasser salzig.

Josef Komanapalli, der Leiter unseres Kinderheimes und der großen Schule in Saripalli, und seine 12 Evangelisten arbeiten unter den Bewohnern dieser Dörfer mit dem Evangelium. Die Leute dort sind sehr arm, leben hauptsächlich vom Fischfang und sind von vielen Krankheiten geplagt. Deshalb haben wir dort auch ein kleines medizinisches Zentrum gebaut, wo die Menschen Hilfe finden können.

Santosh lebt in Paderpadu. Er ist im Dorf ein angesehener Mann. Er ist ein sehr erfahrener, fleißiger Fischer und oft hat er den größten Fang. Nachts, mit Laternen fährt er mit seinem Boot hinaus zum Fischen. Am frühen Morgen sitzt er dann an seinem einfachen Stand am Ufer und verkauft, was er gefangen hat. Paul Raj, einer der Evangelisten, hat immer wieder mit Santosh gesprochen, ihm von Jesus erzählt. Santosh hörte auch zu, aber immer wieder sagte er: »Du erzählst Interessantes, aber ich bin zufrieden mit meinen Göttern. Ich brauche keinen neuen Gott!« Manchmal kaufte Paul Raj auch einige Fische von ihm.

Einige Tage schon saß Santosh nicht an seinem Stand; sein Boot war wohl auch nicht auf Fang gewesen. Paul Raj kam vorbei und fragte nach ihm. »Er ist krank«, sagten die Leute. Paul Raj besuchte ihn in seiner einfachen Hütte und erschrak. Santosh war wirklich krank, schwer krank sogar. Er hatte alle Zeichen einer schweren Typhuserkrankung. Paul Raj holte den Arzt, doch der schüttelte nur bekümmert den Kopf: »Es ist zu spät. Da ist nicht mehr zu helfen. Medikamente können nur noch lindern. Er wird sterben.«

Doch Paul Raj gab nicht auf. Er kam wieder mit zwei weiteren Evangelisten und sie beteten und fasteten viele Stunden für Santosh. Jesus erhörte ihr Gebet. Wider alles Erwarten wurde Santosh gesund; er wurde sogar doppelt gesund: an Leib und Seele. »Der Gott Jesus hat Kraft! Er hat mich gerettet. Jetzt gehört mein Leben ihm«, so sagte er zu Paul Raj. Santosh kam zum Taufunterricht und nach einem Jahr ließ er sich taufen. Ein großes Zeugnis für das ganze Dorf. Es entstand eine kleine christliche Gemeinde in Paderpadu.

Heute sitzt Santosh wieder täglich – außer sonntags – an seinem Stand und verkauft Fische. Aber nicht nur das. Mit jedem Kunden beginnt er auch über Jesus zu reden, sagt ihm das Evangelium weiter. Bei Santosh bekommt man jetzt Fisch und »Brot des Lebens«.

23 Ein Medizinmann hält Gottesdienst

Ramaru ist ein Medizinmann, ein Obermedizinmann sogar. Er beherrschte ein großes Gebiet im Silerdschungel mit mehr als hundert Dörfern. Alle hörten auf seinen Rat. Die Medizinmänner der anderen Dörfer hörten auf ihn, suchten seine Hilfe, wenn sie selbst nicht weiter wussten. Er verfügte über große Macht.

Ganz in seiner Nähe, im Nachbardorf, hat Karao, einer unserer Dschungelevangelisten eine kleine christliche Gemeinde aufgebaut. Es gab dort auch eine bescheidene Hütte, in der regelmäßig ein Arzt und eine Krankenschwester Hilfe anboten. Nur zögernd kamen Leute: »Was würde Ramaru dazu sagen?« Doch der Medizinmann war ein »milder« Mann, er hatte auch schon öfters mit Karao gesprochen und aufmerksam auf seine biblischen Worte gehört. Er machte Karao keine Schwierigkeiten. Zudem wusste er auch um die Wirksamkeit der modernen Medizin.

»Geht nur hin, vielleicht können sie euch helfen«, so sagte er zu den Leuten, die ihn ein wenig furchtsam nach seiner Meinung fragten, »nur ihren Worten braucht ihr nicht zu glauben. Sie predigen einen fremden Gott, einen Gott der Weißen, einen Gott der Engländer, das ist nichts für uns.«

Ramaru wurde selbst krank. Er litt an einem so genannten »Elefantenfuß«, einer giftigen Infektion, bei der das Bein riesig anschwillt. Seine eigenen Mittel halfen nichts. Auch alle Heilungsrezepte der anderen Medizinmänner schlugen nicht an. Schließlich konnte Ramaru nicht mehr gehen. Die Krankheit hatte beide Beine gelähmt.

Karao besuchte ihn. »Darf ich für dich zum Gott Jesus beten?« Zögernd stimmte Ramaru zu. Es war drei Tage vor Weihnachten 2000. Immer wieder kam Karao und betete. Am 25. Dezember hielt er den Weihnachtsgottesdienst. Viele Menschen waren gekommen. Der Gottesdienst war in vollem Gang, da ging eine Bewegung durch die Gemeinde. Der Medizinmann Ramaru kam in die Kirche. Aufrecht ging er bis vorn zum Altar und dann sagte er zu Karao: »Der Gott Jesus hat Kraft. Ich werde ab jetzt ihm vertrauen, er hat mich geheilt.« Dann setzte er sich und folgte aufmerksam dem Fortgang des Gottesdienstes. Es wurde so ein Lob- und Dankgottesdienst.

Am nächsten Tag kam er wieder zu Karao. »Du sollst mich taufen«, bat er. Karao meinte: »Du weißt doch noch nicht viel von Jesus. Du brauchst noch Unterricht!« »Dann tu das jetzt«, verlangte Ramaru. Die nächsten Tage erhielt er einen konzentrierten Taufunterricht und am 31. Dezember 2000 wurde er von Karao getauft.

Ramaru hatte es eilig. Am 7. Januar 2001 war die große jährliche Versammlung aller seiner Medizinmänner bei ihm. Ihnen wollte er von Jesus erzählen. Und so war es: Am 7. Januar 2001 hielt Ramaru seinen ersten Gottesdienst. Alle Medizinmänner hörten zu. In dem ganzen Gebiet entsteht eine Bewegung zu Jesus hin. Karao hat gebeten, dass er noch zwei Evangelisten als Helfer bekommt. So viele Menschen sind suchend geworden.

24 Die gefährliche Bombe

Im Silerdschungel leben viele Naxalites, das sind indische Freiheitskämpfer, Terroristen, die für die armen Leute kämpfen. Unter ihnen sind Intellektuelle, Ärzte, Lehrer und Rechtsanwälte, die die kommunistische Ideologie eint. Auch viele einfache Leute schließen sich ihnen an. Sie überfallen reiche Großgrundbesitzer, Händler und staatliche Depots und helfen der ausgebeuteten Landbevölkerung. Die Regierung hat eine Spezialeinheit der Polizei aufgestellt, die die Naxalites bekämpft. Immer wieder kommt es zu schweren Gefechten, bei denen viele auf beiden Seiten getötet werden. Die Terroristen gehen auch gegen unsere christlichen Gemeinden und Evangelisten vor: »Eure soziale Arbeit ist sehr gut. Die sollt ihr weiter tun, aber hört auf, diesen Gott Jesus zu predigen. Wer an diesen Gott glaubt, der will nicht mehr kämpfen«, so erklärte einer ihrer Anführer einmal Singh. Eine Zeit lang hatten sie ihn besonders im Visier. Sie verübten auf Singh einen Bombenanschlag in seinem Haus in Vizag. Wie durch ein Wunder blieb Singh unverletzt.

Somana ist ein ehemaliger Terrorist. Durch die Predigt einer unserer Evangelisten war er zum Glauben gekommen und arbeitet nun bei uns als Evangelist. »Überall, wo ich Gewalt verbreitet habe, will ich jetzt von der Liebe Jesu Christi reden«, sagte er zu uns bei einem Treffen. Er geht auch mutig zu seinen ehemaligen »Kollegen« und bezeugt ihnen das Evangelium. Sie haben ihn schon einige Male zusammengeschlagen, ja mit dem Tod bedroht, aber er bleibt unerschrocken.

An einem Abend, er war eben unterwegs zu einem Dorf, um dort Gottesdienst zu halten, nahm ihn die Polizei gefangen. Er wurde gefesselt, in den Jeep geworfen und auf die Polizeiwache gebracht. »Du bist ein Terrorist«, unter Schlägen wollten die Polizisten ihm ein Geständnis entlocken.

Somana umklammerte seine kleine, blaue Tasche und versuchte zu erklären, dass er nicht mehr Naxalite sei. Plötzlich entdeckte der Polizist die blaue Tasche. Er wurde schreckensbleich. Solche Taschen tauchten öfters in den Berichten über Bombenanschläge auf. »Er hat eine Bombe!«, rief er den andern zu und schnell zogen sie sich zurück. Einer richtete seinen Revolver auf ihn: »Lege die Bombe weg, hier auf den Tisch, oder ich erschieße dich«, befahl er. Somana öffnete langsam seine Tasche und zog seine Bibel heraus. »Ja, das ist eine Bombe«, sagte er zu den erstaunten Polizisten, »das ist das Wort des Gottes Jesus. Es wirkt wie eine Bombe, hat sehr große Kraft. Nur, wenn diese Bombe zündet, dann werden Menschen nicht getötet, sondern sie bekommen ein neues, ewiges Leben.« Gottes Geist hatte ihm diese eindrücklichen Worte eingegeben.

Die Polizisten hörten ihm zu. Er konnte eine richtige Predigt halten. Später luden sie ihn noch zum Essen ein und ließen ihn dann frei. Somana betete darum, dass seine »Bombe« auch bei den Polizisten zündet.

25 Kaputte Hände bringen Heilung

Zacharias lebte in Poturaju, einem abgelegenen Dorf im Silerdschungel. Er war ein einfacher Tagelöhner und hatte in seinen 50 Lebensjahren viel Not erlebt. In sein Dorf kam regelmäßig einer unserer Evangelisten. Zacharias freute sich auf diese Besuche und hörte immer gespannt den Predigten zu. Er wurde Christ und ließ sich taufen. Fünf weitere taten diesen Schritt mit ihm. Nun gab es eine kleine Christengemeinde im Dorf, die sich in seiner Hütte versammelte. Zacharias selbst wurde einfacher Laien-Evangelist. Er konnte nicht lesen und schreiben, aber die Bibel, die ihm der Evangelist geschenkt hatte, war sein größter Schatz. Er trug sie immer bei sich und bei seinen Predigten hatte er sie aufgeschlagen in den Händen, obwohl er nicht lesen konnte. Aber er hatte von dem Evangelisten viele Bibelworte auswendig gelernt. Er hatte ein ausgezeichnetes Gedächtnis.

Die Naxalites, die Terroristen, nahmen Zacharias gefangen: »Hör auf, von diesem Gott Jesus zu reden. Das ist ein ausländischer Gott, der bringt euch nur Unglück«, verlangten sie von ihm. Doch Zacharias blieb standhaft. Sie beschlossen, ein abschreckendes Beispiel zu setzen. Mit brutaler Gewalt brachen sie Zacharias beide Handgelenke und dazu jeden Finger einzeln. »Du wirst nie mehr eine Bibel halten«, riefen sie höhnisch.

Bischof Singh hörte von Zacharias' Schicksal. Er ließ ihn nach Vizag holen. Bei einem Spezialisten wurden die Brüche behandelt. Es dauerte viele Wochen. Dennoch konnten seine Hände einigermaßen wieder hergestellt werden. Es blieben aber sichtbare Verkrüppelungen zurück. In diesen Wochen lebte er zwischen den Operationen auf unserem Missionsgelände. Er lernte lesen, mühsam zwar, aber so, dass er schließlich seine Bibel lesen konnte.

Zacharias kehrte nach Poturaju zurück und predigte wieder, auch in den umliegenden Dörfern. Und es geschah Erstaunliches: Oft, wenn nach dem Gottesdienst Kranke baten, gesegnet zu werden, geschahen Heilungen. Vielen Menschen wurden die verkrüppelten Hände Zacharias zum Segen.

An einem Sonntag im März 1996 hielt Zacharias abends in einem Dorf Gottesdienst. Es waren viele Menschen gekommen. Die Terroristen überfielen die Versammlung. Sie wollten Zacharias töten. Aber sie erlebten harten Widerstand. Über hundert Leute bildeten einen lebenden Schutzwall um Zacharias, darunter viele, die durch seine Hände Hilfe erfahren hatten. »Lasst Zacharias in Ruhe. Er tut niemand etwas Böses. Er ist ein Segen für uns alle«, riefen sie den Terroristen zu. Diese beobachteten die Szene. Sie wollten es ja mit der Dorfbevölkerung nicht verscherzen, waren sie doch auf deren Unterstützung angewiesen. So zogen sie ab. Zacharias kann seither unbehelligt seinen Dienst tun.

26 Das Lob überwindet den Fluch

Prasad ist schon lange Jahre Pfarrer bei uns. Jetzt ist er auch Dekan im Silergebiet, verantwortlich für viele Gemeinden und Pastoren. In einem Dorf gab es für die Christen große Schwierigkeiten. Radupallem im Silerdschungel war ein großes Dorf. Lakshmaia war der führende Mann, vor dem sie alle Angst hatten. Er war der Medizinmann und der Zauberer. Von ihm gingen viele böse Wirkungen aus.

Prasad hatte in Radupallem eine kleine christliche Gemeinde aufgebaut, fünf Familien gehörten dazu. Sie hatten ein Stück Land gegeben und eine einfache Kirche aus Bambus mit Lehmmauern und Palmdach gebaut. Lakshmaia war ihnen ein erbitterter Gegner und richtete Schaden an, wo er nur konnte. Schon zweimal hatte er Dorfleute angestiftet, die Kirche anzuzünden. Aber die Christen hatten sie jedes Mal wieder aufgebaut. Der Dorfhäuptling duldete Prasad und die Christen im Dorf, denn Prasad gab den Kindern Unterricht. Es gab sonst keine Schule weit und breit. Prasad bat seine Gemeinde regelmäßig, besonders für Lakshmaia zu beten. »Ihr sollt ihn nicht hassen, er ist nur ein Werkzeug des Bösen. Wir sollen um seine Rettung beten.« Jeden Freitagabend von 18.00 bis 2.00 Uhr morgens war Gebetsversammlung und immer wurde für den Zauberer gebetet. Er hatte schon viele Flüche auf die Christen gelegt. Aber sie konnten ihnen nicht schaden. Jesus war stärker.

Chenaia, einer der Christen, pflügte eines Tages auf seinem Feld. Da biss ihn eine hochgiftige Schlange. Schon halb bewusstlos wurde er ins Dorf getragen. Der Medizinmann triumphierte: »Das ist die Strafe der Götter. Er wird sterben. Ich werde ihm keine Medizin geben.« Er hatte schon manchen Vergifteten geheilt. Prasad versammelte die ganze Gemeinde: »Wir brauchen deine Medizin nicht. Unser Gott Jesus hat Kraft«, entgegnete er Lakshmaia. Die Christen bildeten einen Kreis um den sterbenden Chenaia und beteten. Nach einer Stunde stand Chenaia auf. Er war kerngesund. Der Zauberer und viele Dorfbewohner hatten die Szene beobachtet und waren tief verwundert. Das Ansehen Lakshmaias begann zu bröckeln. In den nächsten Wochen kamen noch sechs Familien zur Gemeinde dazu. Der Zauberer sann auf Rache. Seine eigene Frau aber kam heimlich zu den Gottesdiensten. An einem Freitagabend suchte er sie und kam fluchend und wutentbrannt in die Kirche. Die ganze Gemeinde betete kniend. Als Lakshmaia in die Kirche stürmte, hörte er seinen Namen. Er blieb stehen und hörte, wie sie alle für ihn beteten. Er wurde still und hörte zu. Dann begann die Gemeinde zu singen. Sie sangen Lobpreislieder. Im Herzen des Zauberers begann es zu arbeiten, die Rache und Wut schmolz, wortlos nahm er seine Frau und ging heim.

Noch blieb er bei seiner Ablehnung, aber es war kein Hass mehr da. Prasad konnte einige Male sogar intensiver mit ihm reden. Lakshmaia erlaubte auch seiner Frau, weiter zu den Christen zu gehen.

Lakshmaias Sohn wurde krank, schwer krank, die berüchtigte Dschungelmalaria. Alle seine Künste, seinem Sohn zu helfen, schlugen fehl. Er war tief verzweifelt, sein einziger Sohn. Seine Frau holte Prasad. Er kam mit zwei Gemeindeältesten und betete für den Kranken, zwei Tage und zwei Nächte. Stumm saß der Zauberer im Halbdunkel der Hütte und sah zu. Das Kind wurde gesund. »Der Gott Jesus hat Kraft, mehr als alle meine Geister«, bekannte er. Er legte seine Ämter als Medizinmann und Zauberer nieder, bekam Taufunterricht und wurde Christ. Heute trägt er den christlichen Namen Daniel und ist Gemeindeleiter in Radupallem. Später sagte er einmal zu Prasad: »Als ich eure Gebete und Loblieder damals an dem Abend hörte, da bekam mein Herz Risse und ich konnte auch nicht mehr fluchen.« Das Heilungswunder an seinem Sohn war so nur »Dreingabe«. Seine Umkehr begann an diesem Gebets- und Lobpreisabend.

27 Sie meinten, sie sähen ein Gespenst

Pastor Williams hatte viele Jahre treu im Silerdschungel gearbeitet. Chintrapalli war der Hauptort, in dem er wohnte und von dem aus er zu den Dörfern ging. Er wurde Dekan und übernahm die Verantwortung für ein großes Gebiet im Siler mit vielen Gemeinden. Doch nach einigen Jahren begann seine Frau zu kränkeln, zuerst waren es leichte Beschwerden, Kopfweh, Schlaflosigkeit, kein Appetit usw. Das raue Dschungelklima setzte ihr offensichtlich zu. Schließlich wurde sie schwer krank, ihr Herz wurde immer schwächer. Williams bat Bischof Singh, ihn und seine Familie zu versetzen, in eine Gemeinde in der Ebene.

So kam Williams in die Gemeinde Mathurvada, einen Ort, sieben Kilometer von Paradesipalem, unserem Missionszentrum in Vizag, entfernt. Er brachte seine Frau ins Krankenhaus, doch niemand konnte ihr helfen. Ihre Kräfte waren aufgezehrt, es ging wohl mit ihr zu Ende. »Noch etwa einen Monat wird sie leben«, sagte der behandelnde Arzt. Singh besuchte an einem Sonntagnachmittag die bekümmerte Familie. Er erschrak, wie verfallen die Frau aussah. Es waren wohl schon die Zeichen des nahenden Todes. Er sprach lange mit ihr und ihrem Mann und den Kindern. Sie waren zwar betrübt, aber doch in der christlichen Hoffnung des ewigen Lebens getröstet und gehalten. Während des Gesprächs verstärkte sich in Singh immer mehr der Eindruck, er solle für die Kranke nach Jakobus 5 beten, also unter Handauflegung und der Salbung mit Öl. So würde Jesus seinen Willen an ihr vollziehen. Er schlug das vor, und die Kranke stimmte sofort zu. Singh bat Jesus in seinem Gebet, dass er an der Frau nach seinem Willen handeln solle, so wie es für sie und für alle am besten wäre. Dann verabschiedete er sich. »Ich habe sie wohl zum letzten Mal gesehen«, dachte er bei sich. Beim Abschied gab er Williams noch 300 Rupien. »Kaufe ihr noch einmal die gute Medizin, vielleicht wird es ihr so leichter«, sagte er.

Gegen 17.00 Uhr war er wieder zu Hause in Paradesipalem. Er führte einige Gespräche mit Evangelisten, die auf ihn gewartet hatten. Gegen 20.00 Uhr setzte er sich zu einem verspäteten Abendessen an den Tisch. Da kam der Junge, der im Haus hilft, und meldete noch einen Besucher. Singh verstand nur den Namen Williams. »Ist sie schon gestorben?«, durchfuhr es ihn. Die Tür ging auf und die Frau von Pastor Williams trat ein. Singh erging es wie den Jüngern, als Jesus auf dem See zu ihnen kam. »Sie dachten, sie sehen einen Geist!« (vgl. Matthäus 14,26) Da stand die Pfarrfrau, offensichtlich gesund, mit strahlendem Gesicht: »Ich will dir die 300 Rupien noch heute zurückbringen. Sie sollen einem Armen helfen. Jesus hat mich ganz gesund gemacht. Er hört unser, dein Gebet.« Singh konnte nur mitstaunen und mitdanken.

Für Williams ist der Dienst in Mathurvada nicht leicht. Fanatische Hindus machen den Christen das Leben schwer. Bei einem Sonntagsgottesdienst überfiel eine Schlägertruppe die Versammlung und verprügelte Williams und andere Gemeindeglieder brutal. Sie erstatteten keine Anzeige. Auch nicht, als Hindus am 31. Dezember 1999 einige Christenhäuser wie die Vandalen zurichteten, solange Williams und die Gemeinde zu Straßeneinsätzen unterwegs waren. Ihre »Sanftmut« machte offensichtlich Eindruck auf ihre Gegner, denn seither herrscht einigermaßen Ruhe.